# 근로복지공단

## 직업기초능력평가

### 봉투모의고사

/

## 1회

박문각

# 제1회 직업기초능력평가

(70문항 / 70분)

**01** 다음은 산재근로자 가족프로그램에 관한 내용이다. 이를 잘못 이해한 것은?

> 근로복지공단은 2024년 2월 한국산림복지진흥원과 산재근로자를 위한 산림복지서비스 제공을 위한 업무 협약을 체결하고, 한국산림복지진흥원이 운영하는 전국 5개 산림치유시설에서 가족프로그램을 제공한다.
>
> 1. 목적
> 산재근로자의 트라우마 극복과 그 가족의 일상회복 지원
>
> 2. 프로그램 구성
> 가족프로그램은 부부관계의 회복과 자녀의 미래설계를 주제로 가족이 소통하고 공감하는 내용으로 구성되어 있다.
> (1) 시설별 프로그램
> 영주국립산림치유원의 수(水)치료, 장성숲체원의 소통 캘리그라피, 청도숲체원의 한방차 만들기, 대전숲체원의 천연염색, 춘천숲체원의 산림레포츠 등
> (2) 자녀의 미래 진로설계 및 직업탐색 이벤트
> 다양한 분야의 명사 초청강의, 대학 캠퍼스 투어 등
>
> 3. 참여 방식
> • 참여하는 가족의 구성원에 따라 세부과정을 선택하여 참여할 수 있음
> • 산재근로자와 배우자를 대상으로 하는 가족화합과정은 회당 20명 규모로 2박 3일(금~일요일) 동안 운영
> • 초·중·고생 자녀와 가족이 함께 참여하는 가족공감과정은 회당 30명 규모로 1박 2일(토~일요일) 동안 운영
>
> 4. 프로그램 신청방법
> • 접수처에서 신청기관, 가능일정을 선택하여 참가신청서 및 개인정보동의서 온라인 작성 및 제출
> • 접수처: 산재근로자 가족프로그램 접수사이트(https://recruit.incruit.com/fowicu)

① 산재근로자 가족프로그램은 한국산림복지진흥원이 운영하는 시설에서 근로복지공단이 프로그램을 제공하는 거네.
② 산재근로자 가족프로그램에는 그 자녀의 미래 진로설계를 위한 이벤트도 포함돼 있어.
③ 가족화합과정과 가족공감과정 모두 주말을 포함해 1박 이상의 프로그램으로 구성돼 있네.
④ 산재근로자와 그 배우자가 함께하는 프로그램은 2박 3일 일정이고, 자녀 및 배우자와 함께하는 프로그램은 일정이 더 길구나.
⑤ 프로그램 신청은 온라인으로만 가능하구나.

**[02～03] 다음 보도자료를 보고 이어지는 물음에 답하시오.**

'푸른씨앗'은 퇴직연금 가입률이 대기업(91.7%)에 비해 현저히 낮은 중소기업(23.2%) 근로자의 퇴직연금 가입을 촉진하여 노후소득을 보장하기 위해 근로복지공단이 직접 운영하고 있는 국내 유일의 기금형 퇴직연금 제도다. 2021년 근로자퇴직급여보장법이 개정되면서 2022년에 도입되었고, 이후 전담운용기관 선정과 제도 운영에 필요한 인프라 구축 등의 과정을 거쳐 2022년 9월 1일 첫 계약 체결이 이루어졌다.
푸른씨앗에 가입할 경우 2024년도 월평균보수가 273만 원(최저임금의 130%) 미만인 근로자에 대해 2025년 납부한 부담금의 10%를 사업주와 근로자가 각각 지원금으로 받을 수 있다. 예를 들어 2024년도 월평균보수가 240만 원인 근로자의 2025년도 급여가 250만 원인 경우 사업주는 2025년 1년간 부담금 250만 원을 납부한 후에 10%인 25만 원을 되돌려 받고, 근로자는 개인 계정으로 25만 원을 추가로 적립받는 방식으로 수익률이 10% 이상 제고되는 효과를 볼 수 있다.
이러한 재정지원 이외에도 높은 수익률(2024년 누적 14.7%)과 가입 후 3년간 수수료 면제(2025년 가입 시), 온라인을 통한 (　가　) 가입방식이 시중 퇴직연금과는 다른 푸른씨앗만의 장점이다. 이러한 장점이 입소문을 타면서 사업시행 후 2년 만에 사업주 2만 3천 명, 근로자 11만 명 이상이 가입하였고 기금 조성액도 1조 원을 돌파하여 국내 최초로 도입된 기금형 퇴직연금으로서 의미 있게 자리를 잡아가고 있다.
이처럼 푸른씨앗이 짧은 기간 동안 큰 성장을 이룬 이유로는 수수료 면제, 정부 재정지원, 간편한 가입 절차와 높은 운용 수익률 등이 입소문을 타면서 지속적으로 사업장의 유입이 증가했기 때문으로 보인다. 타 민간 퇴직연금과 달리 푸른씨앗은 사업주에 대한 재정지원과 수수료 면제 혜택이 있어 중소·영세 사업장의 가입 부담을 크게 (　나　)시킨다.
사업장 가입 증가에 따라 재정지원도 지속적으로 증가하고 있는데 2023년 6,300개 사업장, 23억 원의 지원금에서 2024년 9,900개 사업장에 43억 원(사업주 지원) 지원, 29,000명 근로자에 28억 원(근로자 지원)을 각각 지급하였으며 푸른씨앗 도입이 빠르게 가속화되는 점을 감안할 때 지원금 지급은 훨씬 더 증가할 것으로 예상된다.
또한 2023년 6.97%의 수익률을 기록한 푸른씨앗은 2022년 9월 기금 적립 이후 2024년 8월 말 누적 수익률 12.8%를 돌파하면서 운영기관인 공단의 행정 전문성과 전담 운용기관의 투자 전문성이 시너지 효과를 발휘하고 있다는 평가를 받고 있다.
푸른씨앗은 30인 이하 중소기업만 도입 가능한 제도다. 노후준비의 사각지대에 놓여 있는 근로자에 대해 다양한 혜택을 제공함으로써 기업의 퇴직연금 도입률을 높이고, 나아가 가입자의 실질적인 노후소득보장을 지원하게 된다. 최근 자산시장 변동성 확대로 인해 전문성과 경험이 부족한 개인들은 자산관리에 많은 어려움을 느끼고 있는데, 자산을 안정적으로 운영하고 높은 수익률을 올릴 수 있는 최적의 대안이 바로 기금제도인 것이다.

**02** **위 자료의 내용과 일치하지 않는 것은?**

① 2025년 푸른씨앗 가입 시 3년간 수수료가 면제된다.
② 푸른씨앗은 국내 최초의 기금형 퇴직연금으로, 온라인을 통한 가입이 가능하다.
③ 푸른씨앗은 중소기업 근로자만 가입 가능한 제도로, 근로복지공단이 직접 운영하고 있다.
④ 푸른씨앗의 수익률은 도입 이후 매년 10% 이상의 수익률을 기록했다.
⑤ 푸른씨앗에 가입한 근로자의 2024년 월평균보수가 260만 원인 경우, 2025년 납부한 부담금의 10%를 사업주와 근로자가 각각 지원금으로 받을 수 있다.

**03** **위 자료의 (가), (나)에 들어가기에 가장 적절한 말을 바르게 나열한 것은?**

① 편리한, 고조
② 편리한, 완화
③ 편리한, 가중
④ 일반적인, 완화
⑤ 일반적인, 가중

**04** **다음은 예술인 고용보험제도와 관련된 자료이다. 자료의 내용과 일치하지 않는 것을 〈보기〉에서 모두 고르면?**

예술인 고용보험제도는 잦은 이직에 따른 고용불안과 그로 인한 실업위험에 놓여 있던 프리랜서 예술인을 위하여 일정요건을 충족하는 경우 구직급여와 출산전후급여를 통해 소득단절로 인한 생계의 위험으로부터 생활안정을 기하기 위한 것으로, 2020년 12월 10일 도입되었다.

1. 대상자
- 적용대상 : ① 예술인 복지법에 따른 예술인 및 문화예술분야에서 창작, 실연, 기술지원 등의 활동을 하고 있거나 하려는 사람 중 ② 문화예술용역 관련 계약을 하고 ③ 자신이 직접 노무를 제공하는 사람
  ※ 적용 제외 : ① 65세 이후 계약한 경우, ② 문화예술용역계약의 월평균소득 50만 원 미만 등(단, 단기예술인은 소득과 상관없이 노무제공 건별로 모두 적용), ③ 15세 미만 예술인 경우(임의가입 가능)
- 피보험자 관리 : 사업주가 문화예술용역 관련 계약을 체결한 예술인의 피보험자격취득을 신고하고, 변동 · 상실 등 관리(보험료 납부 포함)
- 이중취득 : 예술인들의 다수 사업에 동시 종사 사례 등을 고려하여, 보험관계가 성립되어 있는 둘 이상의 사업에 동시에 고용되어 있는 경우 피보험자격 이중취득 가능

2. 보험료
예술인의 경우 실업급여와 출산전후급여만 적용함에 따라 실업급여의 보험료만 부담(사업주와 예술인이 각 0.8% 균등 분담)

3. 구직급여
기준기간 24개월 중 피보험단위기간 9개월 이상 등 충족 시, 이직 전 1년간 일평균보수의 60%(1일 상한 66,000원)을 피보험기간 및 연령에 따라 120~270일간 지급(근로자와 동일)
※ 단, 중대한 귀책사유에 의한 해고, 자발적 이직 등 수급제한 사유에 해당하지 않아야 하며, 일정 수준의 소득감소로 인한 자발적 이직 시에도 수급자격 인정

4. 출산전후급여
출산(유산 · 사산)일 전 피보험단위기간이 3개월 이상 충족 시 출산일 직전 1년간 월평균보수의 100%를 출산전후 90일간 지급
※ 상한액 : 월 210만 원(근로자와 동일), 하한액 : 월 60만 원

보기
㉠ 65세 이상인 예술인은 예술인 고용보험제도의 대상자가 되지 못한다.
㉡ 3개의 사업에 종사하는 예술인의 경우 3개 사업 모두에서 피보험자격을 가지는 것이 가능하다.
㉢ 예술인의 구직급여와 출산전후급여 상한액은 일반 근로자보다 적다.
㉣ 예술인 고용보험은 예술인과 사업주가 동일한 보험료를 부담한다.

① ㉠, ㉢
② ㉠, ㉣
③ ㉢, ㉣
④ ㉠, ㉡, ㉣
⑤ ㉡, ㉢, ㉣

**[05～06] 다음 연구 입찰 공고문을 보고 이어지는 물음에 답하시오.**

**학생에 대한 산재보험 적용 방안 연구 입찰 공고**

1. 연구개요

○ 연구 목적: 최근 학위과정 중의 대학생 및 학원생의 현장실습이 크게 증가하였고, 대학・정부출연 연구기관에서 연구활동에 종사하는 학생연구원도 많아지고 있으므로 학생 신분으로 학습 과정상 발생하는 재해에 대해 대비할 수 있도록 대학교나 학원 등에서의 현장실습, 학생연구원 등의 종사 실태 및 재해 위험성 등을 파악하여 산재보험 적용 가능성 및 적용 방안을 검토하고자 함

○ 연구 내용

가. 대학교 및 학원 학생들의 현장실습 실태조사(학생연구원 포함)

－ 현장실습 체계, 재해 발생에 대한 위험성 및 보호 수단, 산재보험을 통한 보호 필요성 및 요구도

나. 현장실습생 및 학생연구원을 포함한 학생 전반에 대한 산재보험 적용 가능성 및 필요성을 분석하여 산재보험 적용 범위 및 적용방안 검토

○ 연구기간: 2023. 4.～2023. 10.(7개월)

○ 소요예산: 495백만 원(부가가치세 포함)

○ 계약방법: 일반경쟁(협상에 의한 계약 부결)

2. 입찰 참가자격

○ 정부출현 연구기관, 국내외 대학 및 민간연구기관 등 노동정책 관련분야 정책연구 수행이 가능한 단체 및 개인

－ 다수의 연구기관(자)이 참여하는 경우 책임연구기관 이외의 자는 민간 전문가 등 다양한 분야의 연구자 참여 가능

3. 입찰 참가 신청

○ 신청서 제출마감: 2023. 3. 8.(금) 18시

○ 제출서류: 정책연구용역사업신청서<붙임서식> 총 5부(파일 포함)

○ 접수처: 고용노동부 산재예방보상정책국 산재보상정책과

※ 세종특별자치시 한누리대로 422 정부세종청사 11동 △층 ○○○호

○ 담당자: 김□□ 사무관 (☎ 044-○○○-○○○○)

4. 입찰보증금 납부 및 국고 귀속에 관한 사항

○ 입찰보증금은 입찰금액의 100분의 5 이상을 현금, 금융기관의 지급보증서, 유가증권, 보증보험증권 등으로 납부하여야 하며, 낙찰자가 계약을 체결하지 않을 경우 국고에 귀속

○ 다만, 다음에 해당하는 자에 대해서는 입찰보증금의 전부 또는 일부를 면재할 수 있음

－ 국가기관 및 지방자치단체, 공공기관의 운영에 관한 법률에 따른 공공기관, 정부가 기본재산의 100분의 50 이상을 출현한 법인, 기타 경쟁입찰에서 낙찰자로 결정된 후 계약체결을 기피할 우려가 없다고 인정되는 자

－ 이 경우에도 입찰보증금의 국고귀속 사유가 발생한 때에는 입찰보증금에 해당하는 금액을 납부할 것을 보장하기 위하여 그 지급을 확약하는 내용의 문서를 제출(입찰보증금 지급이행각서)하여야 함

5. 연구용역기관 선정 및 계약체결

○ 연구용역기관 선정

－ 선정기준에 따라 평가를 한 후 개별 통보

※ 선정기준: 연구수행능력, 제안내용의 용역목적 적합성, 연구계획의 타당성(실현가능성), 연구비 수준의 적정성 등

○ 계약 체결: 특별한 사정이 없는 한 연구기관 선정 후 즉시 계약체결

6. 참고사항

○ 본 연구용역사업 신청과 관련한 소요비용은 연구희망기관의 부담으로 하며, 재출된 서류는 일체 반환하지 않습니다.

○ 기타 입찰 및 계약관련 사항은 국가를 당사자로 하는 계약에 관한 법률에 따릅니다.

**05** **위 공고문을 통해 추론할 수 있는 내용으로 옳지 않은 것은?**

① 학생 신분으로서 일어나는 산업재해는 민간보험을 통해 대비되고 있다.
② 학생은 노동자 신분이 아니므로 산업재해 처리에 제외되고 있다.
③ 낙찰 이후 계약체결을 기피하면 입찰보증금은 국고에 귀속된다.
④ 책임연구기관은 노동정책 관련분야 정책연구가 가능해야만 한다.
⑤ 현행 제도하에서는 산재의 위험도가 높은 경우에만 학생에 대한 산재보험 적용이 가능하다.

**06** **위 공고문에서 잘못 쓰인 글자의 개수는?**

① 3개
② 4개
③ 5개
④ 6개
⑤ 7개

**[07 ~ 08] 다음은 체불청산지원 사업주 융자사업에 대한 자료이다. 이를 보고 이어지는 물음에 답하시오.**

1. 융자대상

(1) 대상 사업주

일시적 경영상의 어려움 등으로 체불이 발생하였으나, 체불청산의지가 있는 산재보험 적용 대상 가동 사업장으로서 6개월 이상 해당사업을 영위하였을 것

※ 휴·폐업 사업장 및 한국신용정보원 연체정보 등록 사업주 등 융자 제외

(2) 근로자

- 재직 중인 근로자: 당해 사업장에서 확인신청일까지 6개월 이상 계속 근로하고 있는 근로자
- 퇴직근로자: 당해 사업장에서 6개월 이상 계속 근로하고, 확인신청일 1년 이내에 퇴직한 근로자

2. 융자금액 및 조건

- 융자금액: 사업장 당 1억 5천만 원 한도, 근로자 인당 1천5백만 원 한도
- 융자방식: 신용 또는 연대보증, 담보제공 필요
- 이자금리: 신용 융자 또는 연대보증 시 연리 3.7%, 담보제공 시 연리 2.2%
- 융자상환: 1년(또는 2년) 거치, 3년(또는 4년) 분기별 균등분할 상환

3. 융자(신청)절차

| | |
|---|---|
| 고용노동관서 지급사유 확인 | 사업주 및 근로자 요건, 임금 등 미지급 사유, 총 체불금액 등에 대해 관할 지방고용노동관서에 확인 신청 → 조사 후 사업주 통지 |
| 근로복지공단 융자예정자 결정 | 사업장 관할 근로복지공단 지사에 융자 신청 → 융자예정자, 융자방식 결정 후 사업주 및 금융기관 통지 |
| 금융기관 융자실행 | 융자대행금융기관과 융자계약 체결 → 융자금을 임금이 체불된 근로자 계좌로 직접 지급 |

4. 제출서류

| | | |
|---|---|---|
| 고용노동부 제출서류 | • 융자대상사업주 확인신청서<br>• 기업(신용)정보의 조회·수집·이용·제공 및 활용 동의서<br>• 개인(신용)정보의 조회·수집·이용·제공동의서 | 신청인이 지방고용노동관서에 제출하는 서류 |
| 공단 제출서류 | 융자대상사업주 융자신청서 | 신청인이 고용부로부터 받은 지급사유 확인통지서를 첨부하여 공단에 제출하는 서류 |
| | 서약서 및 승낙서 | 별지 제1호 서식 |

※ 페이지상단 '서식다운로드' 버튼을 클릭하여 서식을 다운받아 작성하여 제출

5. 신청방법

- 고용노동부 홈페이지(www.moel.go.kr), 근로복지공단 홈페이지(www.comwel.or.kr) 참조
- 근로복지공단 고객지원센터 1588-0075

**07** **위 자료의 내용과 일치하는 것은?**

① 10년 이상 사업을 영위하였으며, 일시적 경영상의 어려움으로 체불이 발생해 3달간 휴업에 들어간 사업장의 사업주는 융자 대상이 된다.
② 6개월 이상 당해 사업장에 근무했던 근로자라면, 재직 중인 근로자뿐 아니라 퇴직근로자도 융자를 받을 수 있다.
③ 융자방식은 고용노동관서와 근로복지공단이 함께 결정한다.
④ 융자를 받기 위해서는 고용노동부와 근로복지공단에 서류를 제출해야 하며, 이때 공단에 제출하는 서류에는 개인 신용정보의 조회・수집・이용・제공동의서도 포함된다.
⑤ 융자예정자 및 방식은 사업주에 통지되고, 융자금은 금융기관이 임금이 체불된 근로자의 계좌로 직접 지급한다.

**08** **위 자료에 대한 반응으로 적절하지 않은 것을 〈보기〉에서 모두 고르면?**

보기

**갑**: 사업주가 신용 융자를 받는 것보다는 담보제공을 하는 경우에 이자금리가 2%p 이상 저렴하네.
**을**: 근로자 10명에게 동일하게 인당 2천만 원의 체불임금이 있는 사업주의 경우, 융자를 최대한으로 받는다고 해도 근로자 모두의 체불임금을 지급할 수는 없겠군.
**병**: 융자 신청은 고용노동부와 근로복지공단 홈페이지를 통해서만 가능하군.

① 갑, 을
② 갑, 병
③ 을, 병
④ 갑
⑤ 병

**[09 ~ 10] 다음은 보건복지부에서 조사한 2024년 한방의료이용 실태조사 결과에 대한 자료이다. 이를 보고 이어지는 물음에 답하시오.**

한방의료이용 실태조사는 2008년부터 3년 주기로 실시하던 것을 빠르게 변화하는 정책 여건에 대응하고자 2020년부터 매 2년으로 조사 주기를 단축하여 2008년부터 2024년까지 총 7차례 실시하였다. 이번 실태조사는 19세 이상 일반 국민 5,160명과 19세 이상 한방의료 이용자 2,154명(외래환자, 입원환자)을 대상으로 방문・면접 방식으로 진행하였으며, 조사 결과는 한의약 정책 수립 및 발전을 뒷받침할 수 있는 기초 통계자료로 활용된다.

1. 한방의료 경험

(1) 일반 국민의 한방의료 이용 경험

한방의료를 이용한 경험이 있다고 응답한 국민은 67.3%로 2022년 71.0% 대비 3.7%p 감소하였고, 최근 이용 시기는 '1년 이내'(33.6%)라는 응답이 가장 많았다. 한방의료 선택 이유는 '치료효과가 좋아서'(42.5%), '질환에 특화된 진료를 해서'(16.0%), '부작용이 적어서'(11.6%) 순이다. 한방의료에 대한 전반적인 만족도는 79.5%로 2020년 74.5%, 2022년 76.6%에 비해 상승하였으며, '의료기관 종사자의 진료 태도', '한방의료기관의 시설환경', '치료결과'에 대한 만족도가 높은 비중을 차지하였다. 한방의료 이용목적은 '질환치료'가 93.9%로 가장 높았다. 세부 질환으로는 '등통증・디스크・관절염 등 근골격계통'(73.9%), '염좌(삠)・열상 등 손상, 중독 및 외인(낙상사고 등)'(39.6%), '소화계통'(8.7%) 순이었다.

(2) 이용자(외래/입원환자)의 한방의료 이용 경험

현재 한방의료를 이용하고 있는 이유로 질환치료(외래환자 86.6%, 입원환자 67.5%)를 우선으로 꼽았으며, 다음으로 교통사고 치료(외래환자 11.2%, 입원환자 30.3%) 순이었다. 입원환자는 질환치료가 67.5%로 2022년 58.3%에 비해 9.2%p 증가했고, 교통사고 치료는 30.3%로 2022년 40.0%에 비해 9.7%p 감소하였다. 한방의료 이용의 주된 질환으로 모든 이용자에서 근골격계통(외래환자 68.9%, 입원환자 56.8%)이 가장 높았다. 외래환자의 경우 근골격계통 비중이 2020년 75.1%, 2022년 70.1%로, 지속적으로 줄어들고 있으며 신경계통(+7.9%p), 소화계통(+4.8%p)은 2022년 대비 증가하였다. 한방의료 이용에 대해 외래환자 86.3%, 입원환자 76.5%가 '만족한다'고 응답하였으며, '치료효과'에 대한 만족도는 높은 반면 '진료비'는 상대적으로 낮은 만족도를 보였다. 한방의료 서비스를 이용하기 전 동일한 증상으로 의원, 병원을 이용한 경험은 외래환자 50.1%, 입원환자 43.0%로 2022년 조사 대비 모두 높게 나타났다.

2. 한방의료에 대한 인식

이용자가 한의진료에 지출한 총비용은 외래환자 '1만 원~10만 원'(41.4%), '10만 원~50만 원'(39.9%), 입원환자 '10만 원~50만 원'(29.8%), '50만 원~100만 원'(29.5%) 순이었다. 한방의료이용 비용은 응답자의 50% 이상이 '보통'이라고 답했다. 보통이라는 응답은 일반 국민 52.5%, 외래환자 52.7%, 입원환자 52.7%였다. 일반 국민의 경우 '비싸다'는 응답이 37.2%로 2022년 34.1% 대비 3.1%p 증가한 반면, 한방의료 이용자에서는 '비싸다'는 응답이 외래환자 21.5%, 입원환자 33.6%로 2022년 대비 각각 9.7%p와 15.4%p 감소하였다.

3. 한방의료 이용의향 및 개선사항

향후 의료서비스 필요 시, 한방의료를 이용할 의향에 관해 일반 국민 75.8%, 외래환자 94.5%, 입원환자 92.8%가 '이용할 생각 있음'으로 응답했다. 일반 국민 78.4%, 외래환자 90.7%, 입원환자 85.2%가 향후 '한약 복용 생각 있다'고 응답했고, 복용 의향이 없는 이유는 공통적으로 '한약값이 비싸서'가 가장 큰 이유로 조사되었다. 한방의료의 개선사항으로 일반 국민, 외래환자, 입원환자 모두 '보험급여 적용 확대'를 1순위로 꼽았다. 2순위로는 외래환자와 입원환자가 '의과와의 원활한 협진', 일반 국민은 '한약재의 안전성 확보'가 필요하다고 응답했다.

**09** **위 자료의 내용과 일치하지 않는 것은?**

① 2024년 한방의료이용 실태조사는 7,200명 이상을 대상으로 방문·면접 방식으로 진행하였다.
② 일반 국민 중 1년 이내에 한방의료를 이용한 적 있다는 응답은 20% 이상이다.
③ 한방의료 이용자 중 이용에 대해 '만족한다'고 응답한 환자는 외래, 입원 모두 80% 이상으로 나타났다.
④ 한방의료 이용자는 일반 국민에 비해 향후 한방의료를 이용할 의향이 있음을 표한 비율이 15%p 이상 높고, 입원환자보다는 외래환자의 응답비율이 더 높다.
⑤ 한방의료가 '비싸다'는 응답은 '보통'이라는 응답에 비해 일반 국민과 한방의료 이용자 모두에서 낮은 것으로 나타났다.

**10** **위 자료에 대한 반응으로 적절한 것을 〈보기〉에서 모두 고르면?**

보기

㉠ 조사대상자 중 한방의료 이용자와 일반 국민을 동일한 비율로 구성한 것으로 보아, 조사의 신뢰도도 높다고 생각된다.
㉡ 한약 처방에 건강보험이 전면 적용된다면, 한방의료 이용자가 늘어날 수 있겠다.
㉢ 한방의료 서비스를 이용하기 전 동일한 증상으로 의원이나 병원을 이용한 환자가 2년 전에 비해 늘어난 것으로 보아, 병·의원을 찾고도 만족하지 못한 환자가 늘어났고, 이는 결국 한방의료에 대한 신뢰도가 높아진 것으로도 해석할 수 있겠다.

① ㉠　　② ㉡
③ ㉠, ㉡　　④ ㉠, ㉢
⑤ ㉡, ㉢

**[11～12] 다음은 공황장애에 관한 자료이다. 이를 보고 이어지는 물음에 답하시오.**

공황장애는 반복적이고 예기치 못한 공황발작이 일어나는 경우로 공황발작은 극심한 공포와 고통이 갑작스럽게 발생하여 수분 이내 그 증상이 최고조에 이르며, 그 시간 동안 13가지 생리적·인지적 증상 중 4가지 이상의 증상이 나타난다. 공황발작을 일으키는 원인은 매우 다양하다. 공황발작이나 그에 따른 결과가 생명을 위협하는 질병일 수도 있다는 공포일 수 있고 공황증상을 보았을 때 다른 사람들에게 부정적으로 평가받거나 당황하는 것에 대한 사회적인 우려일 수도 있고 미치거나 통제를 잃을 것 같다는 정신기능에 대한 우려일 수도 있다. 공황발작과 그 결과에 대한 공포에 더해서 많은 공황장애 환자는 그들의 신체적·정신적 건강에 관련된 불안감을 호소한다. 게다가 매일 해야 할 일을 완수하지 못하고 일상의 스트레스들을 잘 견디지 못하는 것에 대해 걱정하거나 공황발작을 조절하기 위해 먹는 약물들을 지나치게 많이 섭취하는 것에 대해 걱정하며, 나아가 다른 여러 가지 신체 증상에 대한 걱정으로 공황발작을 조절하고자 극단적인 행동을 한다. 미국과 몇몇 국가의 일반 인구 집단에서의 12개월 유병률은 성인과 청소년에서 약 2~3%로 추정된다. 공황장애의 유병률은 청소년기, 특히 사춘기가 시작된 이후에 가장 높고 여성의 경우 성인기에 가장 높다. 발생 평균 연령은 20~24세이다. 공황장애는 치료받지 않는다면 대개 만성인 경과를 밟지만 정도에 따라 심할 때도 있고 저절로 나아지는 경우도 있다. 소수의 사람에게서만 수년간 재발이 없는 증상이 나타나기도 한다. 공황장애의 경과는 다른 장애가 동반되는가에 따라 복잡해지는데, 특히 다른 특정 불안장애나 우울장애, 물질사용장애가 동반되는 경우가 그렇다. 위험인자로는 신경증 경향성, 부정적 정서, 불안에 관한 민감도, 공포스러운 발작경험 등이 있으며 아동기의 성적·신체적 학대경험은 다른 불안장애보다 공황장애에서 더욱 흔하게 보고된다. 흡연도 공황장애의 위험요인이다. 대부분의 사람들은 첫 번째 공황발작이 일어나기 몇 달 전에 선행하는 스트레스 요인을 보고한다. 특히 불안, 우울, 양극성장애 환자들의 자녀들에게서 공황장애의 발생률이 높다. 공황장애 환자들은 병원에 가거나 응급실을 찾기 위해 일이나 학교를 빈번하게 빠지게 되는 경우가 많으며 이로 인해 해고당하거나 학교를 그만둘 수도 있다. 전형적인 공황발작 환자들은 제한된 공황발작 환자들에 비해 의료시설 사용률이 높고 장애의 정도가 더욱 심각하며, 삶의 질이 더 낮다.

**공황장애의 진단기준**

- 공황발작은 극심한 공포와 고통이 갑작스럽게 발생하며, 다음 13가지 생리적·인지적 증상 중 4가지 이상의 증상이 나타난다.
  1. 심계항진, 가슴이 심하게 두근거림, 빈맥
  2. 발한
  3. 몸이 떨리거나 후들거림
  4. 숨이 가쁘거나 답답한 느낌
  5. 질식할 것 같은 느낌
  6. 흉통 또는 가슴의 불쾌감
  7. 메스꺼움 또는 복부 불편감
  8. 어지럽고 멍한 느낌이 들거나 쓰러질 것 같음
  9. 춥거나 화끈거리는 느낌
  10. 감각과민(감각이 둔해지거나 따끔거리는 느낌)
  11. 이인증 또는 비현실감
  12. 스스로 통제를 할 수 없거나 미칠 것 같은 두려움
  13. 죽을 것 같은 공포감

  ※ 문화 특이적 증상(이명, 목의 따끔거림, 두통, 통제할 수 없는 소리 지름이나 울음)도 보일 수 있다. 이러한 증상들은 공황장애를 진단하기 위해 필요한 4가지 증상에는 포함되지 않는다.

- 적어도 1회 이상의 발작 이후에 1개월 이상 다음 한 가지 이상의 증상이 나타나야 한다.
  1. 추가적인 공황발작이나 그에 대한 결과(예 통제를 잃음, 심장발작을 일으킴, 미치는 것)에 대한 지속적인 걱정
  2. 발작과 관련해 현저하게 부적응적인 행동 변화가 일어남

     예 공황장애를 회피하기 위한 행동으로 운동이나 익숙하지 않은 환경을 피하는 것 등

- 현재 증상이 물질(습성 물질의 남용이나 약물투여 등)의 생리적 효과나 다른 의학적 상태(갑상선 기능항진증, 심폐질환)로 인한 것이 아니며, 증상이 다른 정신질환으로 설명되지 않는다.

**11** **위 자료에 대한 설명으로 옳은 것은?**

① 공황장애는 만성 질환으로 반드시 병원의 치료를 받아야 한다.
② 공황장애의 유병률은 사춘기가 시작된 이후에 가장 높으며 여성의 경우 청소년기에 가장 높다.
③ 양극성장애 환자들의 자녀들에게서 공황장애 발생률이 더 높다.
④ 전형적인 공황발작 환자들은 제한된 공황발작 환자들에 비해 의료시설 사용률은 높지만, 삶의 질은 더 높다.
⑤ 아동기의 성적·신체적 학대 경험을 가진 환자는 공황장애보다 다른 불안장애에서 더 자주 보고된다.

**12** **공황장애의 진단기준에 포함되는 증상으로 보기 어려운 것은?**

① 통제할 수 없는 소리 지름이나 울음
② 몸이 떨리고 후들거리거나, 숨이 가쁘고 답답한 느낌
③ 가슴의 통증 또는 불쾌감
④ 스스로 통제할 수 없거나 미칠 것 같은 두려움과 죽을 것 같은 공포감
⑤ 멍한 느낌이 들거나 쓰러질 것 같은 느낌

**13** 다음은 일용근로자 고용보험 가입에 관한 안내문이다. 이를 바르게 이해한 것은?

1. 일용근로자 개념

한 달 미만의 기간 동안 고용되는 근로자

※ 임금 계산이나 지급이 일단위로 이루어진다고 해도 근로계약기간이 1개월 이상일 경우에는 해당사항 없음

2. 가입 혜택

- 실업급여: 수급자격인정 이직일 이전 18개월 동안 피보험단위기간이 통산하여 180일 이상이고, 수급자격 인정신청일이 속한 달의 직전 달 초일부터 수급자격 인정신청일까지의 근로일 수의 합이 같은 기간 동안의 총 일수의 3분의 1 미만인 경우 실업급여를 받을 수 있다.
  (건설일용근로자의 경우 위 조건 이외에 '수급자격 인정신청일 이전 14일간 연속하여 근로내역이 없는 경우'에도 구직급여 수급자격 신청 가능)
- 취업알선: 재취업을 위한 취업 알선을 받을 수 있다.
- 훈련비 및 수당 지급: 실업자 재취직 훈련을 받을 경우에는 훈련비와 훈련수당을 지원받을 수 있다.

3. 고용보험 가입 방법

고용보험 적용 사업장에 고용된 날부터 피보험 자격을 획득하여 원칙상 사업주가 근로복지공단에 피보험 자격취득 신고를 함으로써 가입이 된다.

※ 사업주가 신고하지 않을 경우 근로자의 직접 신고가 가능하다.

4. 원수급인과 하수급인의 분리 시의 신고 주체

- 사업이 몇 단계의 도급에 의해 행해지는 경우에는 원수급인이 고용보험법의 적용을 받는 사업주에 해당된다.
- 단, 원수급인이 서면 계약으로 하수급인에게 보험료의 납부를 인수하는 경우로써 원수급인의 신청에 의해 근로복지공단의 승인을 얻은 경우에는 하수급인이 고용보험법의 적용을 받는 사업주가 된다. 그러나 원수급인은 하수급인이 고용하는 근로자 개개인의 변경사항을 알 수 없으므로 하수급인이 고용하고 있는 근로자에 대한 고용보험 피보험자격 신고를 하여야 한다.
- 원수급인은 하도급계약을 체결한 이후 14일 이내에 건설현장 소재지 관할 근로복지공단 지사에 하수급인에 대한 자료를 제출하여야 한다.

① 갑은 28일을 근무한 단기 계약 노동자였지만 임금을 2달 후에 정산받았기 때문에 일용근로자 고용보험 대상자가 아니다.

② 을은 일용근로자이나 사업주가 신고하지 않았기 때문에 꼼짝없이 일용근로자 보험에 가입하지도, 혜택을 받지도 못하게 됐다.

③ 병은 1년 이상 근로하는 장기 근로자이지만 주급으로 임금을 계산받기 때문에 일용근로자 고용 보험 가입 대상자이다.

④ 일용근로자 고용보험에서 실업자 재취직 훈련을 받을 수 있는 기관 소개나 훈련비 등의 일체 비용은 모두 재취업을 알아보는 실업자 부담이다.

⑤ 사업이 몇 단계의 도급에 의해 행해지는 경우에는 원수급인이 사업주에 해당하여 일용근로자 고용보험을 신고하여야 한다.

**14** 다음 글을 읽고 난 후의 반응으로 적절하지 않은 것은?

초음파 진단 장치는 인체 내부를 들여다보기 위해 소리를 사용한다. 일반적인 소리는 사람의 귀로 감지할 수 있지만 초음파는 진동수가 20,000Hz가 넘어서 사람의 귀로 들을 수 없는 소리이다. 인체를 진단하는 도구로 초음파를 사용하게 된 것은, 그것이 짧은 파장을 가지므로 투과성이 강하고 직진성이 탁월할 뿐 아니라 미세한 구조까지 자세하게 볼 수 있게 해 주기 때문이다.

이 진단 장치에는 초음파를 만들어 내고 감지하기 위한 압전(壓電) 변환기라는 특수한 장치가 있다. 압전 변환기의 핵심 부품인 압전 소자는 압력을 받으면 전기를 발생시키는데 이것을 압전 효과라고 한다. 초음파를 압전 소자에 가해 주면 압전 소자에 미치는 공기의 압력이 변하면서 압전 효과로 인해 고주파 교류가 발생한다. 역으로 높은 진동수의 교류전압을 압전 소자에 걸어 주면 압전 소자가 주기적으로 신축하면서 초음파를 발생시키는데, 이를 역압전 효과라고 한다. 이렇게 압전 소자는 압전 변환기에서 초음파를 발생시키고, 반사되어 돌아오는 초음파를 감지하는 중요한 역할을 담당한다. 즉, 압전 변환기는 마이크와 스피커의 역할을 모두 하는 셈이다.

검사하고자 하는 인체 부위에 압전 변환기를 접촉시킬 때에는 그 부위에 젤을 발라 준다. 이는 압전 변환기와 피부 사이에 공기층을 없애 반사로 인한 음파의 손실을 최소화하기 위한 것이다. 압전 변환기에서 나온 초음파는 상이한 생체 조직을 각기 다른 속력으로 통과하며, 각 조직 사이의 경계 부위를 지날 때에는 부분적으로 반사된다. 반사되어 압전 변환기로 돌아오는 초음파의 세기는 통과한 조직의 밀도와 두께가 클수록 약해진다. 이렇게 각 조직이나 기관에서 다층적으로 반사된 초음파는 수신 모드로 전환된 압전 변환기에서 시간차를 두고 각기 다른 세기의 교류 전기 신호를 발생시킨다. 컴퓨터는 이 전기 신호들의 세기와 지체 시간을 분석하여 모니터 화면에 영상을 만들어 낸다.

돌고래는 빛이 들어오지 않는 깊은 바닷속에서, 박쥐는 칠흑같이 어두운 동굴 속에서 초음파를 발생시키고 사물에서 반사되어 돌아오는 음파를 감지해서 대상이나 장애물의 형태와 위치를 인지한다. 초음파 진단 장치는 이러한 동물들의 놀라운 능력을 모방한 생체모방 기술의 쾌거이다.

① 진동수가 20,000Hz가 넘지 않는 소리는 사람의 귀로 감지할 수 있구나.
② 초음파 진단 장치의 핵심은 발생시킨 초음파가 반사되어 돌아오는 것을 감지하는 기술이네.
③ 초음파 진단 장치에서 나오는 초음파는 일정한 속도를 유지해 검사의 효율성을 높이는군.
④ 초음파 검사를 할 때, 젤을 사용하지 않으면 검사의 정확성이 떨어질 수 있겠군.
⑤ 초음파 진단 장치 외에도 동물들의 생체 능력을 모방하면 유용한 기술들을 많이 개발할 수 있겠어.

**[15～16] 다음은 산재근로자 생활안정자금 융자 중 의료비 신청에 관한 자료이다. 이를 보고 이어지는 물음에 답하시오.**

1. 신청자격

월평균소득이 중위소득(3인 가구 기준) 이하인 자로 아래에 해당하는 자

- 산재보험법에 의한 사망근로자 유족급여 수급권자(단, 방계 일시금 수급권자는 제외)
- 상병보상연금수급권자
- 장해등급 제1급부터 제9급까지 결정받은 자
- 5년 이상 장기요양 중인 이황화탄소 질병판정자($CS_2$)
- 3개월 이상 요양 중인 산재근로자로서 평균임금이 최저임금 이하에 해당하는 자

※ 2025년 중위소득(3인 가구 기준): 5,025,353원

| | |
|---|---|
| 월평균소득이란? | 신청인이 융자신청일의 직전년도에 지급받은 아래 소득의 합을 12로 나눈 금액으로 한다. 다만, 직전년도 소득이 없는 경우에는 당해연도 융자신청일 직전월까지의 소득총액을 그 월수로 나눈 금액을 말한다.<br>가. 소득세법 제19조부터 제21조까지에 따른 사업소득, 근로소득(근로기준법에 따른 휴업수당을 포함한다), 기타소득에서 같은 법 제12조 제2호, 제3호 및 제5호에 따른 각 비과세 소득을 뺀 금액의 총액<br>나. 산업재해보상보험법 제52조(휴업급여), 제57조(장해급여), 제62조(유족급여), 제66조(상병보상연금)에 따른 보험급여의 총액 |
| 중위소득이란? | 매년 보건복지부장관이 고시하는 3인 가구 기준 중위소득을 말한다. |

2. 융자사유

- 산재근로자 본인 또는 배우자의 의료비가 소요된 경우
- 산재근로자 직계가족의 의료비가 소요된 경우

3. 자격제한

- 월평균 소득이 중위소득(2025년 중위소득: 3인 가구 기준 5,025,353원)을 초과하는 자
- 근로자신용보증사업운영규정 제5조(보증조사 및 심사)에 따라 보증지원이 되지 않는 경우
  ※ 한국신용정보원 연체정보, 대위변제·대지급, 부도, 금융질서문란정보, 공공기록·특수기록 등의 정보등록자
- 공단으로부터 신용보증지원을 받은 후 부정대부 신청, 용도 외 사용 등으로 융자결정이 취소된 사실이 있는 경우
- 외국인 및 재외동포(재외국민 및 외국국적동포)
- 공단의 신용보증지원으로 산재생활안정자금 및 대학학자금을 2,000만 원 융자받아 상환이 완료되지 않은 경우 (상환 완료액 한도 내 추가 융자는 가능)
- 근로자 본인 및 직계가족의 의료비 중 본인부담금이 50만 원 미만인 자
- 약국이나 한약방에서 약을 구입한 경우
  ※ 다만, 진료내역이 명시된 진단서 또는 의사소견서 첨부 시에는 융자 가능
- 자신의 범죄행위에 기인하였거나 고의로 사고를 발생시킨 자
- 마약류 관리에 관한 법률 제2조의 규정에 의한 마약, 향정신성 의약품 및 대마에 중독된 자

4. 융자조건

| | |
|---|---|
| 융자한도 | 1,000만 원(본인부담 진료비 한도 이내, 50만 원 이상) |
| 보증요건 | 공단의 신용보증제도 이용(보증료: 연 1.0%) |
| 융자이율 | 연리 1.0%(2025. 3.~12. 기간에 접수 및 실행된 건에 한해 한시적용) |
| 융자기간 | 5년(1년 거치 4년, 2년 거치 3년, 3년 거치 2년 원금균등상환 중 택 1, 선택 후 변경불가) |

※ 융자실행 시 총 보증기간에 대한 보증료를 선공제하여 융자금이 지급되며, 중도 상환 시 보증료를 환급함

5. 융자신청

(1) 신청 및 접수

| | |
|---|---|
| 구비서류 | 융자신청서, 주민등록등본(관계 확인이 안 되는 경우 가족관계증명서 추가제출)<br>의료비 계산서 또는 영수증 사본<br>소득관련 확인자료<br>(필요 시) 융자종류별 사실 확인을 위한 자료 |
| 신청기간 | 진료일(또는 의료비 납부일)부터 1년 이내 |

(2) 교부 및 접수처

- 신청인의 주소지 또는 요양기관 관할 각 지역본부(지사)
- 인터넷: 근로복지서비스(http://welfare.comwel.or.kr) 서비스신청 메뉴에서 공동인증서 로그인 후 신청

(3) 융자일정

수시접수 및 선발

- 접수일정: 2025년 1월 6일~예산소진 시
- 융자일정: 2026년 1월~12월 예산소진 시까지

※ 상기 일정은 예산상황에 따라 달라질 수 있으며, 일정 변경 시 근로복지넷 공지사항을 통해 안내

(4) 융자결정

개별(우편 또는 SMS) 통보

(5) 융자 수속기간

융자예정자결정확인서 발급일로부터 30일 이내

(6) 융자 절차

융자예정자는 공단의 신용보증제도를 이용하여 융자 수속기간 내에 융자금 수령

**15** **위 자료에 대한 설명으로 옳지 않은 것은?**

① 의료비 신청은 월평균소득이 3인 가구 기준 5,025,353원 이하인 자만 신청할 수 있다.
② 부정대부 신청이나 용도 외 사용 등으로 융자결정이 취소된 사람은 융자 신청자격이 제한된다.
③ 의료비 융자결정 확인은 SMS나 근로복지서비스 홈페이지를 통해 가능하다.
④ 융자신청은 융자신청서와 주민등록등본, 의료비 계산서, 소득관련 확인자료 등을 구비해 인터넷이나 요양기관 관할 각 지역본부에서 접수하면 된다.
⑤ 융자예정자결정확인서 발급일로부터 30일 이내에 융자수속을 완료해야 한다.

**16** **다음 〈보기〉의 사례 중 의료비 융자신청을 할 수 있는 경우를 모두 고르면?**

보기

㉠ 약국에서 약을 구입했지만 진료내역이 명시된 진단서를 첨부하여 융자신청을 한 A씨
㉡ 공단의 신용보증지원으로 대학학자금 2,000만 원을 융자받아 최근에 상환을 완료한 B씨
㉢ 프로포폴에 지나치게 의존하다가 대마까지 손을 대며 마약에 중독된 C씨
㉣ 융자신청서와 의료비 영수증 사본, 소득관련 확인자료를 들고 의료비 융자신청을 하러 간 D씨

① ㉠, ㉡
② ㉠, ㉢
③ ㉡, ㉢
④ ㉡, ㉣
⑤ ㉢, ㉣

**[17 ~ 18] 다음 글을 읽고 이어지는 물음에 답하시오.**

사람의 소변은 언제나 일정한 색상을 띠고 있지 않다. 소변의 색깔이나 냄새는 우리 몸의 건강 상태를 반영하여 변화하기 때문이다. 이 때문에 과거에는 사람의 소변 색과 냄새, 맛 등을 확인하여 몸 상태를 알아보기도 하였다. 소변으로 몸 상태 확인이 가능한 이유는 소변이 우리 몸의 혈액이 걸러져 배설된 것이기 때문이다.
소변의 색깔은 무색이거나 샛노란색에서 황갈색까지를 포괄하는 노란색 스펙트럼 내에 나타난다. 드물게는 혈액이 섞여져 나오는 불그스름한 소변이 나오기도 한다. 소변이 대체로 노란색 계열을 띠는 까닭은 소변에는 노란색을 내는 유로크롬이라는 물질이 있기 때문이다. 몸의 상태에 따라 유로크롬의 함유량은 달라지기 때문에 이에 따라 소변의 색도 연해지거나 짙어진다. 정상적인 소변의 색은 맑고 투명 빛에 가깝다. 몸이 좋지 않을수록 유로크롬의 함유량이 높아져서 노란빛이 진해지게 된다. 그러므로 소변의 색이 유독 진한 노랑을 띠며 이러한 상태가 오래 지속될 경우 병원에서 면밀히 검사를 받는 것이 좋다.
몸 상태는 소변 색의 진하기뿐만 아니라 청탁에 따라서도 진단할 수 있다. 소변의 색이 옅으나 약간 뿌연 경우가 있는데 이때 단지 소변의 색이 옅다고 해서 건강하다는 판단을 내려서는 안 된다. 소변이 뿌옇다는 것은 소변에 요산의 함유량이 많기 때문이며 이는 단백질의 분해 과정에 이상이 생겼음을 의미하기 때문이다. 세균에 감염된 경우에도 탁한 소변이 나타날 수 있다.
이 밖에도 소변을 눌 때 거품이 정상인의 것보다 지나치게 많다든가, 심한 냄새가 난다면 즉시 병원에 가도록 하자. 이러한 징후는 세균 감염을 의미하기 때문이다.

**17** **윗글에 대한 설명으로 옳지 않은 것은?**

① 사람의 소변의 색, 냄새 등은 몸의 상태에 따라서 변화한다.
② 소변은 색이 무색에 가깝고 약간 뿌연 상태가 정상이다.
③ 사람의 소변에는 여러 물질이 녹아 있다.
④ 사람의 몸 상태에 따라 소변색의 변화가 일어나는 것은 소변의 색을 결정하는 물질이 존재하기 때문이다.
⑤ 소변의 색은 주로 노란 계열을 띠고 있으나 그 외의 경우 또한 존재한다.

**18** **윗글의 제목으로 가장 적절한 것은?**

① 단백질 분해 작용이 소변에게 미치는 영향
② 소변으로 알아보는 건강 상태
③ 질환 발병의 전조 증상
④ 방광의 건강을 지키는 방법
⑤ 세균 감염으로 인한 방광 질환의 종류

**19** **다음은 교대근무와 업무상 질병과의 관련성에 관한 글이다. 글의 내용과 일치하지 않는 것은?**

생체리듬(circadian rhythm)은 하루를 주기로 하는 리듬으로 우리 몸은 특정시간에 활발해지는데, 음식의 대사로 에너지가 활발하게 발생하는 오후 시간대에 가장 활발하고 대부분이 잠든 밤 시간대의 활동이 가장 적다. 따라서 생체리듬에 따라 정상적으로 작동하기 위해서는 낮에는 빛을 충분히 받고 밤에는 받지 않아야 하는데, 야간근무는 정상적으로는 잠을 자고 있어야 할 밤에 근로자들을 강제로 깨어 있도록 요구한다. 이는 신체와 정신의 각성 상태가 가장 낮은 시점으로, 집중도가 저하되며 수면부족으로 온 피로가 생체리듬의 저점과 상호작용할 경우 그 영향은 두 배가 되어 안전사고의 위험도 증가하게 된다. 한 연구결과에 따르면, 교대근무 근로자가 비교대근무 근로자에 비해 직업성 손상을 경험할 비차비가 1.79배인 것으로 나타났다. 야간근무나 교대근무가 인체에 미치는 영향은 육체적, 정신적인 면에서 여러 가지가 알려져 있으며, 소화기계 이상, 수면장애, 정신건강 문제, 심혈관질환, 암 등의 발생 가능성을 높인다. 그중에서도 수면장애와 소화기계 기능 이상이 가장 대표적이다. 수면장애와 관련해서는 여간호사 1일 3교대군들이 낮근무자들에 비해 평균 수면시간은 다소 길었지만, 수면장애를 평가하는 데 사용되었던 잠들기까지 걸리는 시간, 잠에서 깨었다 다시 잠들기까지 걸리는 시간, 일주일에 잠을 이루기 힘든 날, 잠을 이루기 힘들 때 수면제, 진정제 등 약물 복용 여부 등 여러 항목들에서 그 장애 여부에 한 응답률이 유의미하게 높았고, 부산지역 철강 제조업 공장들에서 근무하는 1주일 단위 3조 3교대 근무자가 낮근무자보다 건강에 대한 인식, 스트레스, 삶의 질에 해서 좋지 않은 결과를 나타냈으며, 불면증과 우울증을 많이 호소하였다. 또한 교대근무 간호사가 비교대근무 간호사보다 잠들기까지 걸리는 시간이 더욱 길었다. 불면증이 있는 경우는 야간근무나 순환교대근무자가 각각 10.5%, 10.1%인 데 반해, 낮근무자는 6.1%로 상당한 차이가 있다고 보고하고 있다. 그리고 독일 수면의학협회에 따르면 야간 교대근무자의 80%가 수면장애에 시달리고 있다고 보고하고 있다. 교대근무는 소화기계 증상에 영향을 미치는 유의미한 변수이며, 교대작업에서 소화기 기능장해를 일으키는 기전으로는 위장관계 기능에 영향을 주는 생리적 리듬의 변화와 면역기능의 변화, 또는 교대작업 동안에 섭취가 용이한 식품형태를 취하게 되는 등이 원인이 된다고 여겨지고 있다. 일주일 기준 각각 주간과 야간 교대근무 조건은 우울과 상태불안을 증가시키고 일부 면역기능을 떨어뜨린다고 보고하고 있다. 야간노동을 하는 사람들에서 주간노동을 하는 노동자에 비하여 심장질환의 발생 가능성 혹은 위험요인을 높인다는 연구가 있다. 물론 심장질환은 여러 가지 요인이 복합적으로 작용하여 발생하는 질환이므로, 야간노동과 동반되는 여러 가지 특성들, 예를 들어, 장시간 노동, 과도한 작업량, 불규칙한 생활습관 등이 공동으로 작용할 가능성이 있다. 또한 교대근무가 심혈관계 질환의 발생에 영향을 미치는 기전에 관해서는 생리적 리듬의 변화로 당내성의 감소, 인슐린 저항, 코티졸 수치의 증가 및 교감신경 작용을 높이는 것 등과 관련이 있다고 보고 있으며, 흡연과 건강하지 못한 식습관과 같은 생활습관의 변화, 사회적 문제 등으로 여겨지고 있다. 하지만, 교대작업과 심혈관계 질환 간의 병리학적 기전이 명확하게 밝혀져 있지 않고 연구자 간의 보고가 일치하지 않고 있다. 최근에는 야간노동과 여성에서 유방암 발생과의 관련성이 주목받고 있다. 간호사, 스튜어디스 등 장기간 야간노동을 하는 여성에서 유방암 발생률이 높다는 역학 연구들이 발표되었기 때문이다. 국제암연구소(IARC)는 2007년 야간노동을 '암을 유발할 가능성이 있는 유해요인'(Group 2A)으로 분류하였다. 야간노동이 어떠한 생물학적인 경로를 거쳐 유방암 발생에 기여하는지는 아직 명확하게 밝혀지지 않았다. 과학자들은 생체시계 역할을 하는 멜라토닌이 사람의 면역 효과에도 작용하는 점에 주목하여, 야간노동이 밤 동안의 멜라토닌 분비를 억제하고, 이에 따라 면역기능이 억제되어 암 발생이 증가할 것이라는 가설에 주목하고 있다.

① 국제암연구소(IARC)는 야간노동을 '암을 유발할 가능성이 있는 유해요인'으로 분류하였다.
② 장시간 노동, 과도한 작업량, 불규칙한 생활습관 등은 심장질환의 발생 가능성을 높인다.
③ 교대작업과 심혈관계 질환 간의 병리학적 기전은 명확하게 밝혀져 있으며 연구자 간의 보고도 일치한다.
④ 교대근무 근로자가 비교대근무 근로자에 비해 직업성 손상을 경험할 비차비는 1.79배라는 연구결과가 있다.
⑤ 야간노동으로 인한 밤 시간 멜라토닌 분비의 억제가 유방암 발생에 영향을 미친다는 주장은 아직 가설 단계이다.

**20** 다음은 보험급여징수금제도에 관한 내용이다. 이에 대한 설명으로 옳지 않은 것은?

> 1. 보험급여징수금제도의 의의
> 산재근로자를 보호하고 의무 불이행한 사업주에게 제재를 가하여 보험사업의 공평성 및 효율성을 도모하고자 하는 제도
>
> 2. 산재보험관계 성립신고를 게을리한 기간 중의 재해
> (1) 급여징수 요건
> 사업주가 보험관계 성립신고를 게을리한 기간 중(보험관계 성립일부터 14일 도과)에 발생한 재해
> (2) 급여징수 기준
> • 보험에 가입신고를 하여야 할 기한이 만료된 날의 다음 날부터 보험가입신고를 한 날까지의 기간 중에 발생한 재해에 대한 요양급여 · 휴업급여 · 장해급여 · 간병급여 · 유족급여 · 상병보상연금에 대하여 지급 결정한 보험급여의 금액의 100분의 50에 해당하는 금액
> • 사업주가 가입신고를 게을리한 기간 중에 납부하여야 하였던 산재보험료의 5배를 초과할 수 없음 (2018.1.1. 시행)
> • 다만, 요양을 개시한 날(재해발생과 동시 사망한 경우는 그 재해발생일)부터 1년이 되는 날이 속하는 달의 말일까지 기간 중 급여청구사유가 발생한 보험급여에 한함
>
> 3. 산재보험료 납부를 게을리한 기간 중의 재해
> (1) 급여징수 요건
> 사업주가 산재보험료의 납부를 게을리(미납율이 50% 초과인 경우 해당)한 기간 중 발생한 재해
> (2) 급여징수 기준
> • 월별보험료 또는 개산보험료의 법정 납부기한 다음 날부터 당해 보험료를 납부한 날의 전날까지 기간 중에 발생한 재해에 대한 요양급여 · 휴업급여 · 장해급여 · 간병급여 · 유족급여 · 상병보상연금에 대하여 징수
> • 징수할 금액은 재해가 발생한 날부터 보험료를 납부한 날의 전날까지의 기간 중에 급여청구사유가 발생한 보험급여의 금액의 100분의 10에 해당하는 금액
> • 사업주가 납부를 게을리한 기간 중에 납부하여야 하였던 산재보험료의 5배를 초과할 수 없음 (2018.1.1. 시행)

① 급여징수는 사업주가 가입신고나 납부를 게을리한 기간 중에 납부하여야 하였던 산재보험료의 5배를 초과할 수는 없다.

② 납부를 게을리한 사업주에게 징수할 금액은 재해가 발생한 날부터 보험료를 납부한 날의 전날까지의 기간 중에 급여청구사유가 발생한 보험급여 금액의 100분의 50에 해당하는 금액이다.

③ 보험급여징수금제도는 산재근로자를 보호하고 의무 불이행한 사업주에게 제재를 가하여 보험사업의 공평성 및 효율성을 도모하고자 하는 제도이다.

④ 산재보험료 미납율이 50%를 초과한 사업주는 급여징수 대상이다.

⑤ 월별보험료 또는 개산보험료의 법정 납부기한 다음 날부터 당해 보험료를 납부한 날의 전날까지의 기간 중에 발생한 재해에 대해서만 급여를 징수한다.

**21** 다음은 어느 대학의 A~G 전공분야별 개설 강의 수와 영어강의 비율을 나타낸 것이다. 이에 대한 〈보기〉의 설명 중 옳은 것을 모두 고르면?

**전공분야별 개설 강의 수**

| 전공분야 | 개설 강의 수 |
|---|---|
| A전공 | 15개 |
| B전공 | 11개 |
| C전공 | 12개 |
| D전공 | 13개 |
| E전공 | 31개 |
| F전공 | 12개 |
| G전공 | 36개 |

**전공분야별 영어강의 비율**

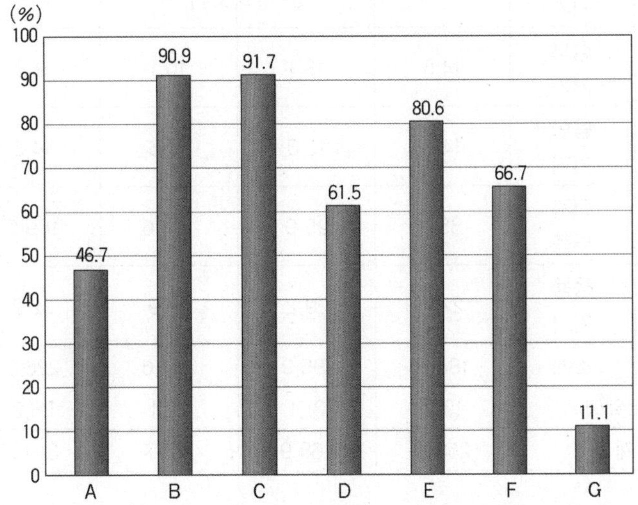


• 영어강의는 전공분야 강의 중 영어로 진행되는 강의를 말한다.

• 영어강의 비율(%) $= \frac{\text{전공분야별 영어강의 수}}{\text{전공분야별 강의 수}} \times 100$

• 영어강의 비율은 소수점 아래 둘째 자리에서 반올림한다.
• 이 대학에 A~G 전공분야 강의 이외의 강의는 없으며, 전공분야별로 중복되는 강의 또한 없다.

보기

㉠ 영어강의 수는 이 대학 전체 강의 수의 50% 이상이다.
㉡ 영어강의 수가 두 번째로 많은 전공분야는 A이다.
㉢ B 전공분야의 영어강의 수는 G 전공분야 영어강의 수의 2배 이상이다.
㉣ E 전공분야의 영어강의 수는 이 대학 전체 강의 수의 20% 이상이다.

① ㉠, ㉡
② ㉡, ㉢
③ ㉠, ㉢
④ ㉡, ㉣
⑤ ㉢, ㉣

**22** 다음은 2015~2020년 IT산업 부문별 생산규모 추이를 나타낸 것이다. 이를 보고 작성한 〈보고서〉의 내용 중 옳지 않은 것을 모두 고르면?

2015~2020년 IT산업 부문별 생산규모 추이

(단위: 조 원)

| 구분 \ 연도 | | 2015년 | 2016년 | 2017년 | 2018년 | 2019년 | 2020년 |
|---|---|---|---|---|---|---|---|
| 정보통신서비스 | 통신서비스 | 37.4 | 38.7 | 40.4 | 42.7 | 43.7 | 44.3 |
| | 방송서비스 | 8.2 | 9.0 | 9.7 | 9.3 | 9.5 | 10.3 |
| | 융합서비스 | 3.5 | 4.2 | 4.9 | 6.0 | 7.4 | 8.8 |
| | 소계 | 49.1 | 51.9 | 55.0 | 58.0 | 60.6 | 63.4 |
| 정보통신기기 | 통신기기 | 43.4 | 43.3 | 47.4 | 61.2 | 59.7 | 58.2 |
| | 정보기기 | 14.5 | 13.1 | 10.1 | 9.8 | 8.6 | 9.9 |
| | 음향기기 | 14.2 | 15.3 | 13.6 | 14.3 | 13.7 | 15.4 |
| | 전자부품 | 85.1 | 95.0 | 103.6 | 109.0 | 122.4 | 174.4 |
| | 응용기기 | 27.7 | 29.2 | 29.9 | 32.2 | 31.0 | 37.8 |
| | 소계 | 184.9 | 195.9 | 204.6 | 226.5 | 235.4 | 295.7 |
| 소프트웨어 | | 19.2 | 21.1 | 22.1 | 26.2 | 26.0 | 26.3 |
| 합계 | | 253.2 | 268.9 | 281.7 | 310.7 | 322.0 | 385.4 |

보고서

국가경제 성장의 핵심 역할을 하는 IT산업은 정보통신서비스, 정보통신기기, 소프트웨어 부문으로 구분된다. ㉠ 2020년 IT산업의 생산규모는 전년 대비 23% 이상 증가한 385.4조 원을 기록하였다. 한편, 소프트웨어 산업은 경기위축에 선행하고 경기회복에 후행하는 산업적 특성 때문에 전년 대비 2% 이하의 성장에 머물렀다.

2020년 정보통신서비스 생산규모는 IPTV 등 신규 정보통신서비스 확대로 전년 대비 4.6% 증가한 63.4조 원을 기록하였다. ㉡ 2020년 융합서비스는 전년 대비 생산규모 증가율이 정보통신서비스 중 가장 높았고, 정보통신서비스에서 차지하는 생산규모 비중은 가장 낮았다.

IT산업 전체의 생산을 견인하고 있는 정보통신기기 생산규모는 통신기기를 제외한 다른 품목의 생산호조에 따라 2020년 전년 대비 25.6% 증가하였다. 한편, ㉢ 2016~2020년 정보통신기기 생산규모에서 통신기기, 정보기기, 음향기기, 전자부품, 응용기기가 차지하는 비중의 순위는 매년 변화가 없었다. 2020년 전자부품 생산규모는 174.4조 원으로 정보통신기기 전체 생산규모의 59.0%를 차지하였다. 전자부품 중 반도체와 디스플레이 패널의 생산규모는 전년 대비 각각 48.6%, 47.4% 증가하여 전자부품 생산을 주도하였다. ㉣ 2016 ~2019년 정보통신기기 부문에서 통신기기와 응용기기의 생산규모는 매년 증가하였다.

① ㉠, ㉡
② ㉡, ㉣
③ ㉠, ㉢
④ ㉠, ㉣
⑤ ㉢, ㉣

**[23~24] 다음은 ○○대학교의 교과우수자전형 후보자별 2021~2023년 내신 성적점수 및 합격대상자 선정에 관한 자료이다. 이를 보고 이어지는 물음에 답하시오.**

**교과우수자전형 후보자별 2021~2023년 내신 성적점수**

(단위: 점)

| 후보자 \ 연도 | 2023 | 2022 | 2021 |
|---|---|---|---|
| 지민 | 85 | 65 | 65 |
| 유진 | 70 | 85 | 75 |
| 민정 | 75 | 75 | 65 |
| 원영 | 80 | 60 | 65 |

**평가방법별 2021~2023년 가중치**

| 평가방법 \ 연도 | 2023 | 2022 | 2021 |
|---|---|---|---|
| A | 0.5 | 0.3 | 0.2 |
| B | 0.6 | 0.4 | 0.0 |
| C | 1.0 | 0.0 | 0.0 |

※ 평가방법별 가중치 합은 1.0임

정보

- 평정점수는 2021~2023년 내신 성적점수에 해당연도의 가중치를 곱한 값의 합임
- 평정점수가 가장 높은 교과우수자전형 후보자를 합격대상자로 선정함

## 23 위 자료에 대한 〈보기〉의 설명 중 옳은 것을 모두 고르면?

보기

㉠ 모든 교과우수자전형 후보자의 평정점수는 평가방법 A를 적용할 때보다 평가방법 B를 적용할 때가 더 높다.
㉡ 평가방법 A를 적용할 때와 평가방법 C를 적용할 때의 합격대상자는 같다.
㉢ '원영'의 2023년 내신 성적점수만 90점으로 변경된다면, 평가방법 A~C 중 어떤 평가방법을 적용하더라도 '원영'이 합격대상자가 된다.

① ㉠
② ㉢
③ ㉠, ㉡
④ ㉠, ㉢
⑤ ㉡, ㉢

## 24 평가방법 C를 적용하면서 가중치를 2023년, 2022년, 2021년 각각 0.4, 0.3, 0.3으로 바꾸었을 때 합격대상자와 그 평정점수가 바르게 짝지어진 것은?

① 유진, 76점
② 유진, 73점
③ 지민, 76점
④ 지민, 73점
⑤ 민정, 76점

**25** **다음은 2019~2021년 우리나라의 세금 체납정리에 관한 〈보고서〉이다. 이때 〈보고서〉에 제시된 내용과 부합하지 않는 자료는?**

보고서

㉠ 2021년 부가가치세 체납액정리 현황을 보면, 현금정리가 44.3%로 가장 큰 비중을 차지하고, 그 다음으로 미정리, 결손정리, 기타정리의 순으로 큰 비중을 차지하고 있다.
㉡ 2019~2021년 부가가치세는 소득세 및 법인세보다 세수실적 대비 미정리체납액 비율이 매년 더 높다.
㉢ 2021년 주요세목 체납정리 현황에서 건당금액의 경우 각 분야에서 법인세가 소득세 및 부가가치세보다 높다.
㉣ 2019년 우리나라 국세결손처분 비율은 4.6%로 EU 주요국 중 영국, 오스트리아, 독일, 프랑스에 비해 4배 이상 높다. 반면, 미정리체납액 비율은 2.7%로 영국, 오스트리아, 프랑스에 비해 낮다.
㉤ 2019~2021년 세수실적 대비 미정리체납액 비율은 부가가치세가 국세보다 매년 높다.

① 주요세목 체납정리 현황(2021년)

(단위: 건, 억 원, 만 원)

| 분야 | 구분 \ 세목 | 소득세 | 법인세 | 부가가치세 |
|---|---|---|---|---|
| 현금정리 | 건수 | 398,695 | 35,947 | 793,901 |
| | 금액 | 7,619 | 3,046 | 29,690 |
| | 건당금액 | 191 | 847 | 374 |
| 결손정리 | 건수 | 86,383 | 9,919 | 104,913 |
| | 금액 | 21,314 | 5,466 | 16,364 |
| | 건당금액 | 2,467 | 5,511 | 1,560 |
| 기타정리 | 건수 | 19,218 | 1,000 | 70,696 |
| | 금액 | 2,507 | 318 | 3,201 |
| | 건당금액 | 1,305 | 3,180 | 453 |
| 미정리 | 건수 | 322,349 | 22,265 | 563,646 |
| | 금액 | 10,362 | 3,032 | 17,815 |
| | 건당금액 | 321 | 1,362 | 316 |

② 부가가치세 체납액정리 현황(2021년)

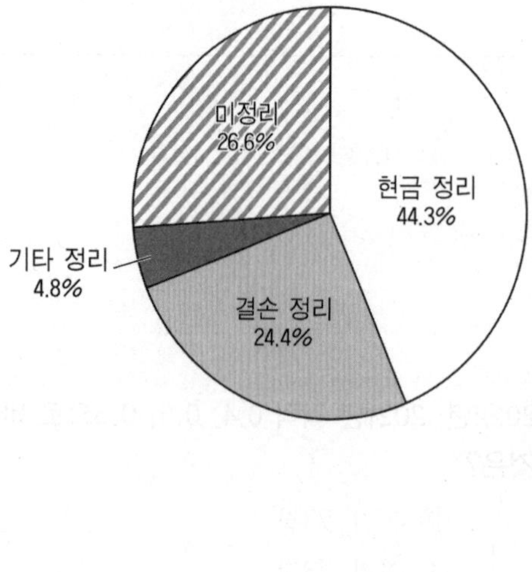

③ 주요 세목의 세수실적 대비 미정리체납액 비율

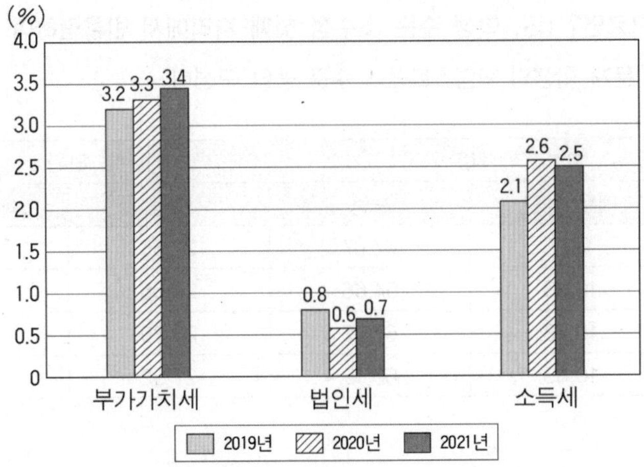


④ 국세와 부가가치세의 미정리체납액 추이

(단위 : 억 원, %)

| 구분 | | 2019년 | 2020년 | 2021년 |
|---|---|---|---|---|
| 국세 | 세수실적(a) | 1,543,305 | 1,660,149 | 1,801,532 |
| | 미정리체납액(b) | 41,659 | 49,257 | 54,601 |
| | 비율($\frac{b}{a}\times 100$) | 2.7 | 3.0 | 3.0 |
| 부가가치세 | 세수실적(a) | 469,915 | 491,212 | 519,068 |
| | 미정리체납액(b) | 15,148 | 15,982 | 17,815 |
| | 비율($\frac{b}{a}\times 100$) | 3.2 | 3.3 | 3.4 |

⑤ 우리나라 및 EU 주요국의 체납처분 현황(2019년)

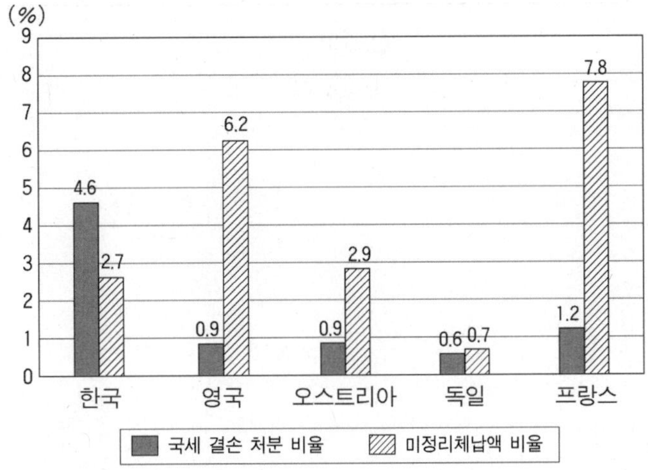

**26** 다음은 A학교의 인문계 133명과 자연계 87명이 학업스트레스 조사에 응답한 결과이다. 이에 대한 〈보기〉의 설명 중 옳은 것을 모두 고르면? (단, 학생 수는 소수점 첫째 자리에서 반올림하여 계산한다.)

인문계 학생의 학업스트레스 수준 응답 구성비

(단위: %)

| 스트레스 수준 / 항목 | 상위 | | 하위 | |
|---|---|---|---|---|
| | 매우 높음 | 높음 | 낮음 | 매우 낮음 |
| 성적 | 9.77 | 67.67 | 22.56 | 0.00 |
| 진학/진로 | 10.53 | 64.66 | 24.06 | 0.75 |
| 교우관계 | 10.53 | 67.67 | 20.30 | 1.50 |
| 외모 | 10.53 | 60.15 | 27.82 | 1.50 |

자연계 학생의 학업스트레스 수준 응답 구성비

(단위: %)

| 스트레스 수준 / 항목 | 상위 | | 하위 | |
|---|---|---|---|---|
| | 매우 높음 | 높음 | 낮음 | 매우 낮음 |
| 성적 | 10.34 | 67.82 | 20.69 | 1.15 |
| 진학/진로 | 12.64 | 58.62 | 27.59 | 1.15 |
| 교우관계 | 10.34 | 64.37 | 24.14 | 1.15 |
| 외모 | 10.34 | 64.37 | 20.69 | 4.60 |

보기

㉠ 항목별 학업스트레스 수준이 '상위'에 해당하는 학생의 비율은 모든 항목에서 자연계가 인문계보다 높다.
㉡ '진학/진로' 항목에서 '낮음'으로 응답한 학생은 인문계가 자연계보다 많다.
㉢ '교우관계' 항목에서 '매우 높음'으로 응답한 인문계 학생은 '매우 낮음'으로 응답한 인문계 학생보다 10명 많다.
㉣ '외모' 항목에서 '높음'으로 응답한 학생은 자연계가 인문계보다 적다.

① ㉠
② ㉣
③ ㉠, ㉢
④ ㉡, ㉢
⑤ ㉡, ㉣

**27** 다음 표와 그래프는 2013~2021년 A능력검정시험과 관련된 자료이다. 이에 대한 설명으로 옳지 않은 것을 〈보기〉에서 모두 고르면?

2013~2021년 A능력검정시험 시행 현황

(단위 : 명, %)

| 연도 | 응시인원 | 합격인원 | 평균 합격률 | 연간 실시횟수 및 시험종류 |
|---|---|---|---|---|
| 2013년 | 15,395 | 7,446 | | 연 1회 시행(3~6급) |
| 2014년 | 46,436 | 24,332 | 52.4 | 연 2회 시행(1~6급) |
| 2015년 | 59,750 | 27,491 | 46.0 | 연 2회 시행(초급, 3급, 4급, 고급) |
| 2016년 | 76,577 | 28,530 | | 연 2회 시행(초급, 3급, 4급, 고급) |
| 2017년 | 81,179 | 30,881 | 38.0 | 연 3회 시행(초급, 3급, 4급, 고급) |
| 2018년 | 118,309 | 48,258 | 40.8 | 연 3회 시행(초급, 중급, 고급) |
| 2019년 | 157,015 | 101,045 | | 연 4회 시행(초급, 중급, 고급) |
| 2020년 | 340,801 | 204,228 | | 연 4회 시행(초급, 중급, 고급) |
| 2021년 | 320,000 | 200,220 | | 연 4회 시행(초급, 중급, 고급) |

※ 평균 합격률(%) $= \frac{\text{합격인원}}{\text{응시인원}} \times 100$

A능력검정시험 회차별 합격률 추이

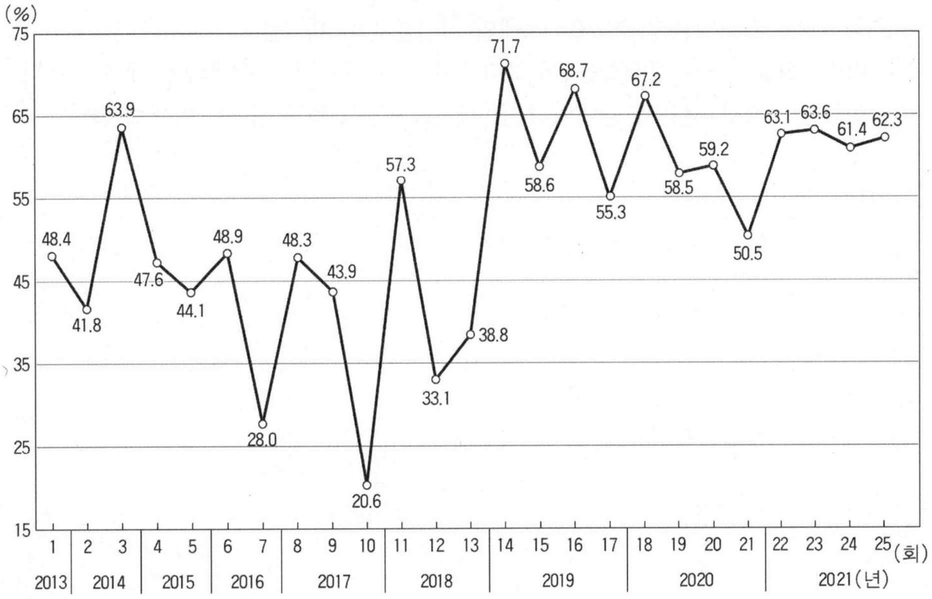


보기

㉠ 주어진 기간 중 합격률이 두 번째로 낮았던 회차가 있었던 연도의 평균 합격률은 합격률이 세 번째로 낮았던 회차가 있었던 연도의 평균 합격률보다 높다.

㉡ 주어진 기간 중 직전 회차와 합격률 차이가 가장 작은 회차는 직전 회차와 합격률 차이가 가장 큰 회차와 합격률이 8%p 이상 차이가 난다.

㉢ 2015~2020년 중 전년 대비 응시인원의 증가율이 두 번째로 큰 해는 2019년이다.

① ㉠

② ㉡

③ ㉠, ㉡

④ ㉡, ㉢

⑤ ㉠, ㉡, ㉢

**28** 다음은 A지역 15세 이상 장애인의 연령별 취업 인구 및 취업률을 나타낸 자료이다. 이에 대한 설명으로 옳지 않은 것은?

| 구분 | 인구 수(명) | 경제활동인구(명) | | | 비경제활동 인구(명) | 취업률 (%) | 실업률 (%) |
|---|---|---|---|---|---|---|---|
| | | 소계 | 취업 | 실업 | | | |
| 계 | 2,525,592 | 981,028 | 931,429 | 49,599 | 1,544,565 | 94.9 | 5.1 |
| 15~19세 | 42,616 | 3,360 | 2,939 | 421 | 39,256 | 87.5 | 12.5 |
| 20~29세 | 103,407 | 54,237 | 48,445 | 5,793 | 49,170 | 89.3 | 10.7 |
| 30~39세 | 126,542 | 74,851 | 70,811 | 4,040 | 51,691 | ㉠ | 5.4 |
| 40~49세 | 268,657 | 160,784 | 155,794 | 4,991 | 107,873 | 96.9 | 3.1 |
| 50~64세 | 781,074 | 422,130 | 398,263 | 23,867 | 358,944 | ㉡ | 5.7 |
| 65세 이상 | 1,203,296 | 265,665 | 255,178 | 10,487 | 937,631 | 96.1 | 3.9 |

※ 비경제활동인구 : 여러 이유로 구직 행위 등을 하지 않는, 경제활동을 포기한 인구

※ 실업률 : $\frac{\text{실업인구}}{\text{경제활동인구}} \times 100$

※ 취업률 : $\frac{\text{취업인구}}{\text{경제활동인구}} \times 100$

① 취업률이 가장 낮은 연령대는 15~19세이며, 가장 높은 연령대는 40~49세이다.
② 비경제활동인구수는 나이가 많을수록 증가한다.
③ 30~39세의 취업률(㉠)이 50~64세의 취업률(㉡)보다 높다.
④ 비경제활동인구가 경제활동인구보다 많은 연령대는 15~19세와 65세 이상이다.
⑤ 실업률이 가장 낮은 연령대의 인구수는 조사한 연령대 중 두 번째로 많다.

**29** 다음은 2020년부터 2024년까지 4년제 대학 전임교원의 논문실적 추이에 대한 자료이다. 이에 대한 설명으로 옳은 것은?

**대학 전임교원의 논문실적 추이**

(단위: 편)

| 연도 | 전임 교원수(명) | 국내전문 학술지 | | 국제전문 학술지 | | 국제일반 학술지 | |
|---|---|---|---|---|---|---|---|
| | | 논문실적 | 1인당 논문수 | 논문실적 | 1인당 논문수 | 논문실적 | 1인당 논문수 |
| 2020년 | 70,914 | 39,510 | 0.56 | 25,039 | 0.35 | 1,270 | 0.02 |
| 2021년 | 72,748 | 39,272 | 0.54 | 26,005 | 0.36 | 1,669 | 0.02 |
| 2022년 | 73,838 | 40,012 | 0.54 | 27,896 | 0.38 | 1,413 | 0.02 |
| 2023년 | 73,854 | 39,646 | 0.54 | 29,676 | 0.40 | 1,488 | 0.02 |
| 2024년 | 74,461 | 38,181 | 0.51 | 29,105 | 0.39 | 1,481 | 0.02 |

※ 국제학술지 = 국제전문 학술지 + 국제일반 학술지

① 제시된 모든 학술지의 논문실적 합이 가장 많았던 연도는 2022년이다.
② 국제일반 학술지 논문실적이 세 번째로 많은 연도에 국내전문 학술지 논문실적도 세 번째로 많다.
③ 모든 학술지 대비 1인당 논문수가 가장 많았던 연도는 2023년이다.
④ 국제전문 학술지와 국제일반 학술지의 논문실적은 2020년부터 꾸준히 상승하고 있다.
⑤ 국내전문 학술지 대비 국제학술지의 비율이 가장 큰 연도는 2023년이다.

**30** 다음은 2015~2019년 A지역 도서관 현황에 관한 자료이다. 이에 대한 설명으로 옳지 않은 것을 〈보기〉에서 모두 고르면?

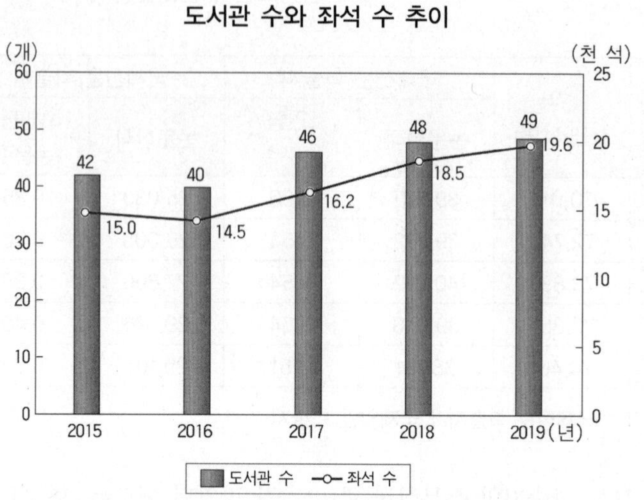


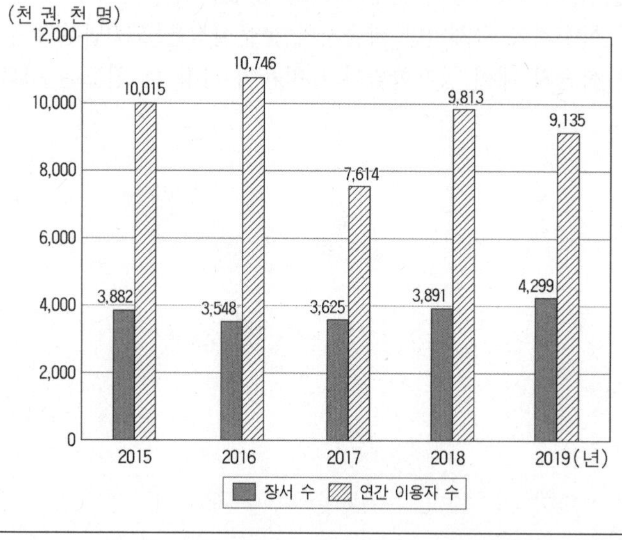


보기

㉠ 2018년 장서 수, 연간이용자 수, 도서관 수, 좌석 수 중 전년 대비 증가율이 가장 큰 항목은 좌석 수이다.

㉡ 연간이용자 수가 가장 적은 해와 도서관당 연간이용자 수가 가장 적은 해는 같다.

㉢ 2017년 도서관 수의 전년대비 증가율은 장서 수의 전년 대비 증가율의 7배보다 높다.

㉣ 2017년 도서관 수는 전년보다 증가하였지만 도서관당 좌석 수는 전년보다 감소하였다.

① ㉡, ㉣
② ㉠, ㉢
③ ㉡, ㉢
④ ㉠, ㉢, ㉣
⑤ ㉠, ㉡, ㉢

**31** **근로복지공단 총무팀 최 사원은 가격이 1,000만 원인 자동차를 구매하기 위해 A, B, C 세 은행에서 상담을 받았다. 다음 상담 내용을 참고할 때, 〈보기〉에서 옳은 것을 모두 고르면? (단, 총비용으로는 은행에 내야 하는 금액과 수리비만을 고려하고, 등록비용 등 기타 비용은 고려하지 않는다.)**

A은행: 고객님이 자동차를 구입하여 소유권을 취득하실 때, 저희 은행이 자동차 판매자에게 즉시 구입 금액 1,000만 원을 지불해 드립니다. 그리고 그날부터 매월 1,000만 원의 1%를 이자로 내시고, 1년이 되는 시점에 1,000만 원을 상환하시면 됩니다.

B은행: 저희는 고객님이 원하시는 자동차를 구매하여 고객님께 전달해 드리고, 고객님께서는 1년 후에 자동차 가격에 이자를 추가하여 총 1,200만 원을 상환하시면 됩니다. 자동차의 소유권은 고객님께서 1,200만 원을 상환하시는 시점에 고객님께 이전되며, 그때까지 발생하는 모든 수리비는 저희가 부담합니다.

C은행: 저희는 고객님이 원하시는 자동차를 구매하여 고객님께 임대해 드립니다. 1년 동안 매월 90만 원의 임대료를 내시면 1년 후에 그 자동차는 고객님의 소유가 되며, 임대기간 중에 발생하는 모든 수리비는 저희가 부담합니다.

보기

㉠ 자동차 소유권을 얻기까지 은행에 내야 하는 총금액은 B은행이 가장 많다.
㉡ 1년 내에 사고가 발생해 50만 원의 수리비가 소요될 것으로 예상한다면 총비용 측면에서 A은행보다 B은행을 선택하는 것이 유리하다.
㉢ 자동차 소유권을 최대한 빨리 얻고 싶다면 A은행을 선택하는 것이 가장 유리하다.
㉣ 자동차 소유권 취득 시까지의 총비용 측면에서 B은행보다는 C은행이 유리하다.

① ㉠, ㉡
② ㉠, ㉢
③ ㉠, ㉡, ㉣
④ ㉠, ㉡, ㉢
⑤ ㉠, ㉢, ㉣

**[32~33] 다음은 산재근로자 간병급여 관련 자료이다. 이를 보고 이어지는 물음에 답하시오.**

◎ 간병급여란?
치료가 끝난 후에도 간병인이 필요하여 간병이 실제 행하여지면 그 장해 및 간병필요성 정도에 따라 간병비용을 지급하는 제도이다.

◎ 간병급여 지급 대상

| | |
|---|---|
| 상시 간병급여 대상 | 1. 신경계통의 기능, 정신기능 또는 흉복부 장기의 기능에 장해등급 제1급에 해당하는 장해가 남아 일상생활에 필요한 동작을 하기 위하여 항상 다른 사람의 간병이 필요한 사람<br>2. 두 눈, 두 팔 또는 두 다리 중 어느 하나의 부위에 장해등급 제1급에 해당하는 장해가 남고, 다른 부위에 제7급 이상에 해당하는 장해가 남아 일상생활에 필요한 동작을 하기 위하여 항상 다른 사람의 간병이 필요한 사람 |
| 수시 간병급여 대상 | 1. 신경계통의 기능, 정신기능 또는 흉복부 장기의 기능에 장해등급 제2급에 해당하는 장해가 남아 일상생활에 필요한 동작을 하기 위하여 수시로 다른 사람의 간병이 필요한 사람<br>2. 장해등급 제1급(제53조 제2항에 따른 조정의 결과 제1급이 되는 경우를 포함한다)에 해당하는 장해가 남아 일상생활에 필요한 동작을 하기 위하여 수시로 다른 사람의 간병이 필요한 사람 |

◎ 간병급여의 지급
1. 지급 과정
관할 근로복지공단이 요양종결 근로자 및 재요양 치료종결 근로자 중 간병인이 필요한 경우, 근로자가 제출한 간병급여청구서를 확인한 후 간병비용을 지급한다.

2. 급여비용

| 구분 | 상시 간병 | 수시 간병 |
|---|---|---|
| 가족・기타간병인이 간병 시 | 1일 41,170원 | 1일 27,450원 |
| 전문간병인이 간병 시 | 1일 44,760원 | 1일 29,840원 |

※ 전문간병인: 산업재해보상보험법 시행규칙 제12조 제1항 제1호(의료법에 따른 간호사 또는 간호조무사) 및 제2호(노인복지법 제39조의2에 따른 요양보호사 등 공단이 인정하는 간병교육을 받은 사람)에 따른 사람

◎ 급여지급의 예외
간병급여 지급대상자가 무료요양소 등에 입소하여 간병비용을 지출하지 아니하는 경우에는 간병비용을 지급하지 않고, 지출한 간병비용이 간병급여액에 미달하는 경우에는 실제 지출된 간병비용만 지급한다.

**32** 위 자료의 내용과 부합하지 않는 것은?

① 산재근로자 간병급여는 산재근로자의 치료가 끝난 후에 추가적으로 간병이 필요한 경우 지급하는 급여로, 장해 및 간병필요성에 따라 지급된다.
② 간병급여가 필요한 근로자가 간병급여청구서를 제출하지 않으면 간병비용을 지급할 수 없다.
③ 장해등급 제1급에 해당하는 장해가 남아 일상생활에 필요한 동작을 하기 위해서는 수시로 다른 사람의 간병이 필요한 경우, 수시 간병급여 대상에 포함된다.
④ 전문간병인이 간병하는 경우에는 가족이 간병하는 경우보다 많은 급여가 지급된다.
⑤ 수시 간병급여 대상자가 지출한 간병비용이 1일 27,450원 미만인 경우에는 간병급여를 지급하지 않는다.

**33** **산재근로자인 A씨는 치료 후에도 흉복부 장기의 기능에 장해등급 제1급에 해당하는 장해가 남아 일상 생활에 필요한 동작을 하기 위하여 항상 다른 사람의 간병이 필요한 상태이다. 이에 전문간병인에게 60일간 간병을 맡겼고, 이에 대한 간병급여 청구서를 관할 근로복지공단에 제출하였다. A씨가 청구한 간병급여액은? (단, 지출한 간병비용이 간병급여액에 미달되지 않는다.)**

① 1,790,400원
② 2,020,400원
③ 2,265,600원
④ 2,685,600원
⑤ 2,984,300원

**[34～35] 다음은 두루누리 사회보험료 지원사업에 관한 자료이다. 이를 보고 이어지는 물음에 답하시오.**

**두루누리 사회보험료 지원사업**

◎ 개념

소규모 사업을 운영하는 사업주와 소속 근로자의 사회보험료(고용보험 · 국민연금)의 일부를 국가에서 지원함으로써 사회보험 가입에 따른 부담을 덜어주고, 사회보험 사각지대를 해소하기 위한 사업이다.

◎ 지원대상

• 근로자 수가 10명 미만인 사업에 고용된 근로자 중 월평균보수가 270만 원 미만인 신규가입 근로자와 그 사업주
• 2021년부터는 신규가입자에 대해서만 지원
※ 신규가입자 : 지원신청일 직전 6개월간 고용보험과 국민연금 자격취득 이력이 없는 근로자
※ 기가입자 : 신규가입자에 해당하지 않는 근로자(2021년부터 지원되지 않음)

◎ 지원수준 및 지원기간

• 지원수준 : 신규가입 근로자 및 사업주가 부담하는 고용보험과 국민연금 보험료의 80%
• 지원기간 : 2018년 1월 1일부터 신규가입자 및 기가입자 지원을 합산하여 36개월까지만 지원
※ 기가입자는 '18.1.1. 이후 지원받은 개월 수가 36개월 미만이라도 '21.1.1.부터 지원되지 않음

◎ 지원 제외대상

지원 대상에 해당하는 근로자가 아래의 어느 하나라도 해당되는 경우에는 지원 제외
• 지원신청일이 속한 보험연도의 전년도 재산의 과세표준액 합계가 6억 원 이상인 자
• 지원신청일이 속한 보험연도의 전년도(소득자료 입수 시기에 따라 보험연도의 전년도 또는 전전년도) 종합소득이 4,300만 원 이상인 자

◎ 보험료 지원방법

두루누리 사회보험료 지원을 신청하면 사업주가 월별보험료를 법정기한 내에 납부하였는지를 확인하여 완납한 경우 그 다음 달 보험료에서 해당 월의 보험료 지원금을 뺀 나머지 금액을 고지하는 방법으로 지원한다.
(다만, 그 다음 달에 부과될 보험료가 없는 경우에는 해당 월의 지원금은 지원하지 않음)
두루누리 사회보험료의 경우 지원신청일이 속한 달의 고용보험료부터 해당 보험연도 말까지 지원하되, 보험연도 말 현재 고용보험료 지원을 받고 있고 그 보험연도 중 보험료 지원기간의 월평균 근로자인 피보험자 수가 10명 미만인 경우에는 다음 보험연도에 별도로 신청하지 않더라도 계속 지원을 받을 수 있다.
다만, 고용보험료의 경우 사업주가 보수총액신고 또는 피보험자격 취득신고를 법정기한 내에 하지 않은 경우에는 그 신고를 이행한 날이 속한 달의 고용보험료부터 지원하고, 지원대상이 되는 근로자인 피보험자가 일용근로자인 경우에는 사업주가 법정기한 내에 제출한 달의 '근로내용 확인신고서'에 기재된 사람에 대한 월별보험료만을 지원한다.

## 34 위 자료의 내용과 부합하지 않는 것은?

① 지원사업 대상자에 선정되기 위해서는 월평균 보수가 270만 원 미만이어야 한다.
② 월평균 보수가 270만 원이 되지 않더라도 근로 사업장의 고용보험 가입대상자 수가 10명이 넘어가면 지원대상이 되지 못한다.
③ 근로자 수가 8명이고, 전 근무자의 월평균보수 평균이 270만 원이라면 근로자와 사업주는 지원사업을 통해 보험료의 80%를 지원받는다.
④ 2024년 1월 현재 월평균보수가 250만 원이고 사회보험료를 납부한 지 1년이 된 근로자 갑은 지원사업 대상자가 되지 못한다.
⑤ 사업주가 월별보험료를 납부기한 내에 납부하지 않은 경우에는 지원을 받지 못한다.

**35** **위 자료의 내용에 따를 때, 〈보기〉의 (가)와 (나)의 빈칸에 들어갈 금액의 합은 얼마인가?**

보기

(가) K씨는 2020년 4월부터 근로자 수가 6명인 ○○베이커리에 근무하게 되어 월 220만 원의 임금을 받게 됐다. 이전에 2년간 근무했던 레스토랑에 비해 월평균보수가 30만 원 오른 것이다. K씨는 고용보험료 및 국민연금을 합해 총 ( )원을 지원받을 수 있다.

(나) L씨는 2023년 5월부터 근로자가 8명인 △△출판사에 근무하게 되었다. L씨의 월평균보수가 260만 원일 때, L씨에 대한 출판사 사장의 국민연금 부담액은 월 ( )원이다.

※ 단, 고용보험요율은 사업주 1.15%, 근로자 0.9%이고, 국민연금 요율은 사업주와 근로자 모두 4.5%이다. (150인 미만 기업 기준)

① 68,040원
② 85,500원
③ 101,040원
④ 118,440원
⑤ 127,500원

**[36~37] 다음은 현장실습생 산재보험과 관련된 자료이다. 이를 보고 이어지는 물음에 답하시오.**

◎ **현장실습생 산재보험 제도란?**

산업현장에서 일반근로자와 같이 동일한 위험권 내에서 현장실습 및 작업을 동시에 행하는 현장실습생을 산업재해로부터 보호하기 위한 제도임

◎ **가입대상**

1. 산재보험 적용사업(장)에서 현장실습을 하고 있는 학생 및 직업훈련생 중 고용노동부장관이 정하는 현장실습생
   ※ 현장실습 당시 산재보험 적용 사업장이 아닐 경우 적용(신고)대상 아님
2. 현장실습 범위
   고교, 대학 등 초·중등교육법 및 고등교육법상 학교에서 시행하거나 참여하는 모든 국내 현장실습(실습기관 등을 학생 개인이 섭외하거나 해당 기관의 필요에 따라 직접 모집·선발하는 경우는 제외)

◎ **자격관리**

1. 보험가입자
   현장실습생이 실제 현장실습을 하는 사업장의 사업주가 보험가입자
2. 산재보험 취득 및 상실신고
   - 취득신고: 일반근로자를 새로이 고용한 사업주의 '자격취득신고'와 동일하게
     - 현장실습생을 새로이 사용한 사업주는 현장실습이 시작된 날이 속하는 달의 다음달 15일까지 근로복지공단에 현장실습생의 성명, 현장실습 시작일(자격취득일) 등을 신고하여야 함
       ※ 보험료 부과구분 부호를 52(산재보험만 부과), 사유를 03(현장실습생)으로 기재
   - 상실신고: 일반근로자와 고용관계를 종료한 사업주의 '자격상실신고'와 동일하게
     - 현장실습생을 더 이상 사용하지 않게 된 사업주는 현장실습이 종료된 날이 속하는 달의 다음달 15일까지 근로복지공단에 현장실습생에게 지급한 일체의 금품(보수총액), 현장실습 종료일(상실일) 등을 신고하여야 함
       ※ 현장실습이 종료되거나 실습기간 이후 일반근로자로서 근로계약을 맺는 경우 현장실습생은 반드시 상실신고 필요

◎ **보험료 산정**

| |
|---|
| 보험료 = 현장실습의 대가로 사업주가 실습생에게 지급한 일체의 금품(학교에서 실습생에게 지급한 훈련수당은 제외) × 해당 사업장 보험료율 |

※ 소득신고 및 비과세 여부, 학교 또는 실습주관기관 등의 지원금 지급 여부와 관계없으며, 실습기관 사업주가 실제 지급하는 모든 금품

◎ **보험급여 지급**

1. 현장실습생이 실습과 관련하여 입은 재해는 업무상의 재해를 입은 것으로 보아 산재보험법 제36조 제1항의 각 호에 따른 보험급여를 지급
   - 요양급여, 휴업급여, 장해급여, 간병급여, 유족급여, 상병보상연금, 장의비, 직업재활급여
2. 현장실습생이 실습과 관련하여 재해를 당한 경우에는 훈련수당 등 모든 금품을 임금으로 보고 산정한 평균임금으로 보험급여를 지급. 다만, 현장실습생에게 지급하는 훈련수당 등이 최저임금법 제5조 제1항에 따른 최저임금액에 미달되는 경우에는 최저임금액을 훈련수당으로 봄

**36** **위 자료의 내용을 잘못 이해한 사람을 〈보기〉에서 모두 고르면?**

보기

갑: 현장실습생이 실습 이후 실습을 하던 업체에 일반근로자 고용이 확정되어 근로계약을 맺게 된 경우에는 따로 산재보험 취득 신고를 할 필요가 없네.

을: 현장실습생이 산업재해를 입은 경우, 직업재활급여를 포함해 산재보험법에 따른 보험급여를 지급받을 수 있구나.

병: 현장실습생이 최저임금액에 미치지 못하는 수당을 받고 일하다가 산업재해를 입은 경우에는, 최저임금액을 평균임금으로 보고 보험급여를 지급하도록 되어 있어.

정: 6월 1일부터 사업주가 현장실습생을 새로 사용하는 경우, 6월 30일까지 실습생의 이름, 실습 시작일 등을 신고해야 해.

① 갑, 을
② 갑, 정
③ 을, 병
④ 을, 정
⑤ 갑, 을 병, 정

**37** **근로복지공단 인터넷 게시판에 올라온 질문에 대해 공단의 Y사원이 위 자료를 바탕으로 답변하려고 한다. 이때 자료를 통해 답변하기 어려운 질문은?**

① 현장실습생 산재보험료는 어떤 기준으로 지급되는 건가요?
② 근로복지공단에 현장실습생 산재보험 취득신고를 할 때 보험료 부과번호는 일반근로자와 동일한가요?
③ 현장실습생 산재보험 제도를 마련한 이유가 무엇인가요?
④ 현장실습생 산재보험은 누가 가입해야 하나요?
⑤ 현장실습생 산재보험은 일반근로자 산재보험과 보험료 산정 측면에서 어떤 차이가 있나요?

**[38 ~ 39] 다음은 근로복지공단의 어린이집 관련 자료이다. 이를 보고 이어지는 물음에 답하시오.**

근로복지공단은 2022년 4월 28일 인천 송도어린이집 개원으로 중소기업 노동자의 보육 사각지대 해소를 위해 2018년부터 지자체와 함께 추진한 거점형 공공직장어린이집 13개소 건립을 완료했다고 밝혔다. 거점형 공공직장어린이집은 공단과 지방자치단체가 8 : 2 매칭 비율로 거점(중소기업 밀집지역 인근거주지 또는 교통 요지)에 설치하는 공공직장어린이집을 말한다. 공공직장어린이집은 그동안 대규모 기업에 비해 직장어린이집이 부족했던 중소기업 노동자 등에게 입소 순위 우선권을 주고 우수한 보육 서비스를 제공하고 있다. 특히, 퇴근이 늦거나 주말 근무가 필요한 노동자들을 위해 시간 연장 보육(21:30까지), 토요일 보육 등을 시행하여 노동자가 자녀의 보육 걱정 없이 안심하고 일할 수 있는 환경을 제공하고 있다.

이번에 개원하는 송도 거점형 공공어린이집은 시설면적 991.48m², 정원 99명으로, 인근의 산업단지와 대단지 아파트가 입주 예정이어서 젊은 맞벌이 부부 유입에 따른 보육수요가 급증할 것으로 예상된다. 또한, 인근에 자녀를 안심하고 맡길 수 있는 공공직장어린이집이 건립됨에 따라 인근 기업의 우수인력 확보에도 크게 기여할 것으로 기대된다.

근로복지공단은 1996년부터 공공직장어린이집을 건립하여 총 24개의 어린이집을 운영해왔으며, 이번에 거점형 공공직장어린이집 13개소가 최종 건립되면서 전국 37개소, 보육교직원 840명, 보육아동 3,926명으로 명실상부한 '직장보육 허브기관'으로 거듭나게 됐다. 공공직장어린이집은 전국 거점에서 직장보육 사각지대를 해소함과 동시에 그동안 축적된 운영경험을 바탕으로 우수 보육프로그램을 전파함으로써 지역 보육을 선도할 것으로 기대하고 있다.

**근로복지공단 전체 어린이집 현황**

▲ 공공직장어린이집(37개소)

| | |
|---|---|
| 서울 · 강원권(6개소) | 모아래, 동해, 강서, 등촌, 곰달래, 마포 |
| 경인권(10개소) | 안산, 인천, 수원, 군포, 부천, 남동, 고양, 시흥, 화성, 송도 |
| 영남권(9개소) | 창원, 대구, 경주, 부산, 포항, 울산, 진해, 울산명촌, 영주 |
| 호남권(7개소) | 광양, 정읍, 제주, 군산, 전주, 임실, 광주 |
| 충청권(5개소) | 천안, 수안들, 대전, 세종, 계룡 |

▲ 보육아동 현황

(단위: 명)

| 계 | 0세 | 1세 | 2세 | 3세 | 4세 | 5세 | 야간연장 | 방과후 | 시간제 | 장애 |
|---|---|---|---|---|---|---|---|---|---|---|
| 3,926 | 63 | 359 | 684 | 850 | 918 | 841 | 72 | 55 | 21 | 63 |

※ 입소순위 : ① 부모 모두 우선지원 대상기업 근로자, ② 부모 중 1인 우선지원 대상기업 근로자+나머지 1인 일반근로자, ③ 부모가 모두 일반근로자, ④ 조부모, 한부모, 다문화 가정 등 우선 입소 필요가 인정되는 가정의 자녀

## 38 위 자료를 보고 보일 수 있는 반응으로 적절하지 않은 것을 〈보기〉에서 모두 고르면?

보기

갑: 근로복지공단의 공공직장어린이집 중 절반 이상이 서울과 경인권에 몰려있구나.

을: 근로복지공단은 그럼 이제 중소기업 밀집지 인근이나 교통 요지에 위치한 공공직장어린이집을 37곳이나 운영하게 되었네!

병: 공공직장어린이집에서 늦은 시간까지 아동을 맡아준다니, 부모들이 안심하고 일할 수 있겠어.

정: 부모 중 한 명만 우선지원 대상기업 근로자인 경우가 한부모가정 자녀보다 입소순위가 높네. 이 부분은 시정해야 한다고 봐.

① 갑, 을
② 갑, 병
③ 을, 정
④ 갑, 을, 정
⑤ 갑, 병, 정

**39** 〈보기〉의 A~E 어린이는 공공직장어린이집 입소를 희망하고 있다. 입소 우선순위를 바르게 나타낸 것은?

보기

아버지가 우선지원 대상기업 근로자이고 어머니가 일반기업 근로자인 A어린이
싱글맘인 어머니가 일반기업 근로자인 B어린이
아버지가 지역 초등학교 교사이고, 어머니가 전업주부인 C어린이
아버지와 어머니가 모두 우선지원 대상기업 근로자인 D어린이
어머니와 아버지가 모두 일반기업 근로자인 E어린이

① A－E－D－C－B
② A－D－E－B－C
③ D－E－A－C－B
④ D－A－E－B－C
⑤ D－B－A－E－C

**[40～41] 다음은 수질 및 △△기관에서 갖고 있는 수질 개선 설비에 관한 정보이다. 이를 보고 이어지는 물음에 답하시오.**

◎ 용도에 따른 필요 수질은 다음과 같다.
- 농업용수: 중금속이 제거되고 3급 이상인 담수
- 공업용수: 중금속이 제거되고 2급 이상인 담수
- 생활용수: 중금속이 제거되고 음용이 가능하며 1급인 담수

◎ 수질 개선에 사용하는 설비의 용량과 설치 비용은 다음과 같다.

| 수질 개선 설비 | 기능 | 처리 용량(대당) | 설치 비용(대당) |
|---|---|---|---|
| 1차 정수기 | 4급수 또는 5급수를 3급수로 정수 | 5톤 | 7천만 원 |
| 2차 정수기 | 2급수 또는 3급수를 1급수로 정수 | 3톤 | 1억 5천만 원 |
| 3차 정수기 | 음용 가능 처리 | 3톤 | 2억 원 |
| 응집 침전기 | 중금속 성분 제거 | 10톤 | 8천만 원 |
| 해수담수화기 | 염분 제거 | 15톤 | 1억 원 |

- 3차 정수기에는 2차 정수기의 기능이 포함되어 있다.
- 모든 수질 개선 설비는 필요 용량 이상으로 설치되어야 한다.(예를 들어 20톤의 해수를 담수로 개선하기 위해 해수담수화기가 최소 2대 설치되어야 한다.)
- 수질 개선 전후 수량 변화는 없다.
- 해수는 담수화 과정을 거치면 중금속 성분이 포함된 5급수가 된다.

## 40

**위 자료에 따를 때, 관련된 설명으로 잘못된 것은?**

① 중금속이 제거된 5급수인 담수를 생활용수로 정수하기 위해서는 3차 정수기만 사용하면 된다.
② 10톤의 해수를 5급수인 담수로 정수하기 위해서는 1억 원의 설치비용이 든다.
③ 해수를 농업용수로 정수하기 위해서는 세 종류의 수질 개선 설비를 사용해야 한다.
④ 응집 침전기와 1차 정수기만 사용하여 4급수인 담수를 농업용수로 정수할 수 있다.
⑤ 20톤의 3급수를 1급수로 정수하기 위해서는 2차 정수기가 7대 설치되어야 한다.

## 41

**해수 40톤을 농업용수 및 생활용수로 사용하려고 한다. 농업용수 15톤, 생활용수 25톤이 필요할 때, 수질 개선 설비 설치에 필요한 최소 비용은 얼마인가?**

① 22억 원
② 23억 8천만 원
③ 26억 원
④ 27억 8천만 원
⑤ 29억 8천만 원

**42** D은행, L은행, T은행의 기본 정기예금 상품은 다음과 같이 최종금리를 결정하고 있다. 이때, 갑과 을이 〈보기〉와 같은 조건에서 이 세 은행 중 하나를 선택해 정기예금 상품에 가입하려 한다. 갑과 을이 선택할 정기예금 상품과, 은행에서 적용받을 금리가 바르게 짝지어진 것은?

| 은행 | 기본금리 | 우대금리 조건 | 최대가산 우대금리 |
|---|---|---|---|
| D | 3.1% | • 주택청약통장 보유 0.5%<br>• 공과금 자동이체 0.2%<br>• 은행 신용카드 실적 월 70만 원 이상 0.5% | 1.2% |
| L | 3.0% | • 최초 거래고객 0.3%<br>• 주택청약통장 보유 0.5% | 0.8% |
| T | 3.3% | • 급여이체 0.2%<br>• 최초 거래고객 0.5%<br>• 은행 신용카드 월 50만 원 이상 0.2% | 0.9% |

※ 최종금리(%) = 기본금리 + 우대금리

보기

갑: D은행과 L은행을 이용하고 있는데, 두 은행에서 모두 주택청약통장을 갖고 있습니다. 은행 신용카드도 두 은행 모두에서 갖고 있는데, 평균적으로 각각 월 50만 원씩을 사용하고 있습니다. 공과금 자동이체 계좌는 D은행 계좌입니다.

을: D, L, T 은행 계좌가 모두 없는 상태인데, 정기예금 상품에 가입하며 새로 계좌를 만들 예정입니다. 공과금 자동이체도 새로 계좌를 만들 은행에서 하려고 합니다. 신용카드도 새로 은행에서 만들 생각인데, 보통 월 100만 원 정도를 사용합니다.

| | 갑 | 을 |
|---|---|---|
| ① | D은행, 3.8% | T은행, 3.8% |
| ② | D은행, 3.8% | T은행, 4.0% |
| ③ | L은행, 3.9% | D은행, 3.8% |
| ④ | L은행, 3.5% | D은행, 4.0% |
| ⑤ | L은행, 3.9% | L은행, 3.8% |

**[43～44] 근로복지공단 갑 사원은 '제27회 근로자 문화예술제'를 개최하기 위해 관련기관에 공문을 보내고 추진 계획을 세웠다. 다음 자료를 보고 이어지는 물음에 답하시오.**

문서번호: 2023-67
수신: 수신처 참고
참조:
제목: "제27회 근로자 문화예술제" 참석 요청
1. 귀 기관의 무궁한 발전을 기원합니다.
2. 본 공단에서는 직원들에게 다양한 문화예술 활동의 장을 마련해 근로자의 정서 함양과 삶의 질 향상에 기여하기 위해 매년 '근로자 문화예술제'를 개최하고 있습니다.
3. 위와 관련해 올해 문화예술제의 공정한 심사를 위해 귀 기관의 교직원을 심사위원으로 모시고자 하오니 참석하여 주시기 바랍니다.

근로복지공단 이사장

※ 근로복지공단 본부: 울산광역시 중구 종가로 340 (052-704-0000)

※ 별첨: 참석자 명단

| 번호 | 부문 | 기관 | 성명 |
|---|---|---|---|
| 1 | 연극 | 한국예술종합학교 | 김연극 교수 |
| 2 | 음악 | 대한가수협회 | 이음악 회장 |
| 3 | 미술 | 한국미술인협회 | 최미술 회장 |

※ 일시 및 장소
1. 연극 부문
• 일시: 4. 15. (토) 9:00~12:00
• 장소: 근로복지공단 본부 대강당

2. 음악 및 미술 부문
• 일시: 4. 15. (토) 13:00~18:00
• 장소: 근로복지공단 서울지역본부 로비 및 대강당

**'문화예술제 관련 준비사항' (작성자: 갑 사원)**

1. 심사위원 관련
• 각 심사위원에게 공문 보낸 후 연락
• 심사위원 교통비 및 심사비 정산

2. 기자재 관련
• 각 부문별 필요 기자재 정리 후 개최 지역별 담당자에게 통보
• 개최 장소별로 2명의 지원인력 요청

3. 참가자 관리 관련
• 지역본부별 참가 인원 파악
• 부문별 참가 인원 파악

**43** **다음 중 갑 사원의 판단으로 가장 적절하지 않은 것은?**

> 우선 심사위원 컨택부터 해야겠군. ① 한국예술종합학교 측에는 오늘 오후에 연락을 해야 하고, ② 대한가수협회 이음악 회장은 현재 스케줄 조정 중이니 내일 중으로 다시 한번 더 확인해 봐야겠군. 한국미술인협회 최미술 회장은 섭외 완료되었으니 되었고. 기자재 준비가 복잡한데… ③ 연극과 음악 무대 설치 준비는 서울지역본부 최 사원에게 연락해 봐야겠고, 지원인력 요청은 이번 주 중으로 마무리해야겠군. ④ 본부와 서울지역본부 총무팀에 지원하면 되겠지? ⑤ 각 지역별, 부문별 참가자는 내일까지 박 인턴이 해주기로 했으니까 내일 확인해 봐야겠다.

**44** **갑 사원은 위의 공문을 관련 부서 및 기관 담당자에게 공유하고자 한다. 다음 중 공문을 공람하기에 적절하지 않은 사람은?**

① 한국예술종합학교 대외협력처 이 부장
② 대한가수협회 홍보팀 외부행사지원 담당 김 대리
③ 근로복지공단 서울지역본부 기자재 담당 최 사원
④ 한국미술협회 예술인 복지 담당 한 과장
⑤ 근로복지공단 본부 예술제 참가자 관리 담당 박 인턴

**[45～46] 다음은 장애인 신규고용장려금 사업 공고문이다. 이를 보고 이어지는 물음에 답하시오.**

장애인 신규고용장려금 사업 공고

1. 사업 개요
• 목적: 장애인을 신규고용하고 일정기간 이상 유지한 사업주를 지원하여 장애인 일자리 창출 유도
• 사업기간: 2022년 1월 1일 ~ 2024년 12월 31일
• 법적근거: 장애인고용촉진 및 직업재활법 제3조 및 제21조

2. 지원요건
지원대상 사업주가 장애인 근로자를 신규고용하여 지원금 신청일 기준 6개월 이상 고용을 유지한 경우

(1) 지원대상 사업주
상시근로자 수가 5인 이상 50인 미만인 사업주(개인 경영인의 경우 경영주, 법인 경영인의 경우 법인 자체)
※ 국가와 지방자치단체, 공공기관은 제외
※ '상시근로자'란 근로기준법에 따른 근로자이면서, 월 소정근로시간이 60시간 이상(중증장애인은 60시간 미만도 인정)이고, 월 임금지급의 기초일수가 16일 이상인 사람을 의미함

(2) 장애인 근로자를 신규 고용한 경우
2022년 1월 1일 이후 장애인을 상시근로자로 신규 고용한 경우로서, 동일한 사업주에게 12개월 내 재고용된 경우는 해당하지 않음
※ 단, 아래에 해당하는 경우는 지원대상에서 제외
① 최저임금 미만을 받으면서 최저임금 적용제외 인가를 받지 않은 장애인 근로자
② 고용보험법에 따른 보험가입 대상자이나 가입하지 않은 장애인 근로자

(3) 6개월 이상 고용을 유지한 경우
• 대상 장애인 근로자의 상시근로자 요건[월 60시간 이상(중증장애인은 60시간 미만도 인정), 16일 이상] 충족을 기준으로 고용유지기간을 산정
• 고용유지기간 중 휴직 등으로 상시근로자 요건에 해당하지 않는 기간이 발생한 경우 해당 기간만큼 고용유지기간이 연장되며, 고용관계가 종료되는 경우는 재입사 여부에 관계없이 고용관계 종료일에 고용유지기간이 종료된 것으로 봄

3. 지원내용
(1) 지급내용
신규고용 장애인 근로자의 성별 및 장애정도에 따라 최소 6개월 이상 고용을 유지한 경우 아래 표와 같이 지급
※ 상시근로자 수가 5~32명인 경우 1명, 33명~49명인 경우 2명까지 지원
※ 지급 단가와 월임금액(최저임금에 산입되는 임금만을 포함)의 60%를 비교하여 낮은 단가를 적용

| 구분 | 지급 단가(월) | 6개월 고용유지 시 지원금액(단가×6개월) | 1년 고용유지 시 지원금액(단가×1년) |
|---|---|---|---|
| 경증남성 | 30만 원 | 180만 원 | 360만 원 |
| 경증여성 | 45만 원 | 270만 원 | 540만 원 |
| 중증남성 | 60만 원 | 360만 원 | 720만 원 |
| 중증여성 | 80만 원 | 480만 원 | 960만 원 |

※ 12개월간 고용유지하고 신청하여 지원금을 받는 경우, 6개월간 고용유지하고 지원금을 받고 이후 6개월을 더하여 고용유지하고 지원금을 받는 경우가 모두 가능하며, 두 경우 모두 최대 지원금액은 동일하다.

(2) 지원이 제한되거나 불가한 경우

• 신규 고용한 장애인 근로자가 고용보험법, 산업재해보상보험법, 사회적기업 육성법에 따른 장려금이나 지원금 지급요건에 해당하여 사업주가 이를 지급받은 경우 차액만을 지급
  ※ 단, 고용보험법에 따른 지원금 중 고용유지지원금을 지급받은 경우에는 제한 없이 전액지급
• 신규 고용한 장애인 근로자에 대해 기존 장애인 고용장려금을 신청하여 지급받은 경우 신규고용장려금 중복지원 불가
  ※ 단, 신규고용장려금 지급 인원은 기존 장려금 기준인원(장애인 고용장려금이 지급되지는 않으나, 의무고용률 초과 여부를 판단하는 기준이 되는 인원)에 우선 산입

4. 지급절차 및 신청방법

• 지급절차 : 사업주가 장애인을 신규 고용하고 6개월 이상 유지하여 요건을 충족한 경우 한국장애인고용공단에 신청하여 검토 후 지급

| 장애인 고용 | ⇨ | 6개월 이상 고용유지 | ⇨ | 신규고용장려금 신청 | ⇨ | 신청내용 검토 후 지급 |
|---|---|---|---|---|---|---|
| 사업주 | | 사업주 | | 사업주 | | 한국장애인고용공단 |

• 신청방법 : 사업주가 장려금 지급신청서 및 관련 구비서류를 준비하여, 사업체 본사 소재지를 관할하는 한국장애인고용공단 지역본부 및 지사를 방문하여 신청하거나, 우편 및 전자 신청도 가능

**45** 위 자료의 내용과 부합하지 않는 것을 〈보기〉에서 모두 고르면?

보기

㉠ 상시근로자 수가 40명인 사업주가 2022년 2월 1일 자로 장애인을 신규 고용한 경우, 2022년 7월 1일에는 장애인 신규고용장려금을 신청할 수 있다.
㉡ 상시근로자 수가 30명인 사업장과 35명인 사업장의 경우 장애인 신규고용장려금을 지원받는 근로자 수가 다르다.
㉢ 신규 고용한 장애인 근로자에 대해 기존 장애인 고용장려금을 신청하여 지급받은 경우에도 장애인 신규고용장려금을 지원받는 것이 가능하다.
㉣ 공공기관에 신규 고용된 장애인의 경우 지원금 지급에서 제외된다.

① ㉠, ㉡
② ㉡, ㉣
③ ㉠, ㉢
④ ㉠, ㉡, ㉣
⑤ ㉡, ㉢, ㉣

**46** 상시근로자 수가 10명인 A기업에서 경증여성장애인 2명을 신규고용하고, 상시근로자 수가 45명인 B기업에서 중증남성장애인 1명과 중증여성장애인 1명을 신규고용하였다. 두 기업 모두 2023년 1월 1일 자로 신규고용하였고 2023년 12월 1일에 장애인 신규고용장려금을 신청했을 때, 두 기업이 받을 수 있는 지원금액의 합은? (단, 지급단가는 월임금액의 60%보다 낮다고 가정한다.)

① 750만 원
② 1,110만 원
③ 1,380만 원
④ 1,620만 원
⑤ 2,120만 원

**47** **일곱 명의 직원 A, B, C, D, E, F, G의 월~일요일까지 7일간의 근무 일정을 짜려고 한다. 7일간 오전, 오후 각 1명의 직원이 근무하게 되며, 모든 직원의 근무 일수는 동일하다. 근무 일정의 조건이 다음과 같을 때, 항상 참이 되는 것은?**

- A와 B는 오전에만 근무한다.
- D는 월, 수, 금요일 중 이틀 근무한다.
- D와 G는 항상 같은 날 근무한다.
- F는 주말에만 근무한다.
- 수요일 오전에 근무하는 사람은 E이다.
- A와 B가 같이 근무하는 날은 없다.

① A는 월, 수, 금요일 중 하루 근무한다.
② C는 적어도 하루 D와 같은 날 근무한다.
③ F는 적어도 하루 금요일에 근무한다.
④ F는 토요일과 일요일 오후에만 근무한다.
⑤ C가 E와 함께 근무하는 날은 없다.

**48** **숫자가 적힌 다섯 개의 탁구공이 있다. 이 탁구공 중 두 개는 노란색, 나머지 세 개는 흰색이다. 다음 내용이 참일 때, 노란색 탁구공 두 개는 몇 번 공인가?**

- 2번과 3번 공은 색깔이 같다.
- 1번 공이 흰색이면 2번과 5번 공도 흰색이다.
- 4번 공이 노란색이면 5번 공도 노란색이다.
- 4번 공이 흰색이면 3번 공도 흰색이다.

① 1, 5
② 2, 3
③ 2, 4
④ 3, 4
⑤ 4, 5

**49** A부터 G까지 7개의 축구팀이 다음과 같이 토너먼트를 통해 우승 팀을 가린다. 두 개의 시드로 나눠 예선전을 치르고 경기를 한다고 했을 때, 반드시 참인 것은?

- A와 C는 무조건 대결을 한다.
- 2번 시드의 한 개 팀은 1차전에서 부전승을 한다.
- B와 D는 2차전에 진출을 하는데, B는 1번 시드, D는 2번 시드에 속한다.
- E와 F는 토너먼트에서 1번만 경기를 치룬다.

① A와 C가 1차전에서 대결하면, B와 E는 대결을 한다.
② A와 C가 1차전에서 2번 시드에서 대결을 하면, D는 부전승을 한다.
③ A와 C는 결승전에서 대결을 할 수 없다.
④ A와 C가 결승에서 대결을 하면, E는 D와 대결을 한다.
⑤ A와 C가 1차전에 1번 시드에서 대결을 하면, F는 G와 대결을 한다.

**50** 근로복지공단 조직예산부의 정 과장은 A~G 항목에 대해 예산이 비효율적으로 투입되고 있는 것을 발견하고 해당 항목과 관련 있는 부서의 담당자와 의논하여 예산을 다시 편성했다. 편성 결과 일부 항목은 오히려 예산을 증액했지만 대부분의 항목에서 예산을 줄일 수 있었고, 전체적으로 기존 예산 대비 20% 절약하는 성과를 거두었다. 개정 예산의 금액이 높은 항목부터 순위를 매길 때, C항목은 7가지 항목 중 몇 위에 해당하는가?

예산 조정 결과

(단위 : 백만 원)

| 구분 | 기존 예산 | 개정 예산 |
|---|---|---|
| A항목 | 300 | 260 |
| B항목 | 660 | 620 |
| C항목 | 1,200 | ( ) |
| D항목 | 720 | 740 |
| E항목 | 40 | 60 |
| F항목 | 1,320 | 1,050 |
| G항목 | 460 | 420 |

① 1위
② 2위
③ 3위
④ 4위
⑤ 5위

**51** 현재 A시에 위치한 쓰레기 소각장으로 주변 3개 도시의 쓰레기가 운반되고 있다. 다음 C시, R시, T시 세 곳의 도시 중 쓰레기 수거와 운송에 가장 많은 비용이 드는 곳은 어디인가?

**도시별 소각장과의 거리 및 운송비용**

| 구분 | C시 | R시 | T시 |
|---|---|---|---|
| 기본운송료(원) | 85,000 | 75,000 | 90,000 |
| km당 추가운송료(원) | 500 | 400 | 300 |
| 거리(km) | 76 | 85 | 43 |

**월평균 쓰레기 수거량**

(단위 : 톤)

| 구분 | C시 | R시 | T시 |
|---|---|---|---|
| 비닐 | 143 | 106 | 124 |
| 플라스틱 | 154 | 166 | 132 |
| 캔, 고철 | 136 | 127 | 152 |

**1톤당 쓰레기 종류별 수거비용**

| 구분 | 비닐 | 플라스틱 | 캔, 고철 |
|---|---|---|---|
| 비용(원) | 35,000 | 36,000 | 37,000 |

① C시
② R시
③ T시
④ R시, T시
⑤ C시, T시

**[52~53] 근로복지공단에서는 A, B, C, D, E 다섯 명의 신입사원에 대한 근무평가를 한 후 승진자를 선정하려고 한다. 다음 근무평가표와 승진조건을 보고, 이어지는 물음에 답하시오.**

**근무평가표**

| 구분 | A | B | C | D | E |
|---|---|---|---|---|---|
| 입사성적 | 80점 | 90점 | 85점 | 85점 | 95점 |
| 외국어성적 | 90점 | 80점 | 85점 | 90점 | 70점 |
| 개인성과 | 80점 | 70점 | 90점 | 70점 | 80점 |
| 근무기간 | 8개월 | 1년 6개월 | 2년 2개월 | 4년 5개월 | 3년 10개월 |

조건

- 모든 항목의 점수는 100점 만점이다.
- 입사성적, 외국어성적, 근무기간은 각각 20% 비중으로 반영한다.
- 개인성과 점수는 40% 비중으로 반영한다.
- 근무기간 점수의 경우 1년 미만은 60점, 1년 이상 2년 미만은 70점, 2년 이상 3년 미만은 80점, 3년 이상 4년 미만은 90점, 4년 이상은 100점이다.
- 제시된 조건에 따른 항목별 점수의 합계가 높은 사람을 승진시킨다.
- 동점자가 나올 경우 근무기간이 긴 사람을 승진시킨다.

**52** **A~E 중 두 사람을 승진자로 선정하려고 할 때, 승진하는 사람이 바르게 짝지어진 것은?**

① A, B ② B, C
③ B, E ④ C, D
⑤ C, E

**53** **인사팀에서는 위에서 제시한 승진조건에서 〈보기〉와 같이 일부 조건을 수정하여 두 사람을 승진자로 선정하기로 했다. 이때 승진하는 사람이 바르게 짝지어진 것은?**

보기

- 개인성과, 입사성적, 외국어성적은 각각 50%, 20%, 30% 비중으로 반영하고, 근무기간은 평가에 반영하지 않는다.
- 동점자가 나올 경우 개인성과 점수가 높은 사람을 승진시킨다.

① A, C ② A, D
③ B, D ④ B, E
⑤ C, E

**54** 근로복지공단 직원들은 연말을 맞아 불우이웃을 돕기 위한 자원봉사를 하기로 계획하고, 자원봉사를 할 때 입을 단체복으로 조끼를 주문하려고 한다. 다음 자료와 〈조건〉을 참고할 때, 조끼를 주문할 업체로 옳은 것은?

**업체별 조끼 생산 능력**

| 구분 | A업체 | B업체 | C업체 | D업체 | E업체 |
|---|---|---|---|---|---|
| 1벌당 단가 | 8,000원 | 8,600원 | 9,000원 | 9,200원 | 8,500원 |
| 1일 생산량 | 110벌 | 90벌 | 150벌 | 120벌 | 160벌 |
| 재고량 | 240벌 | 450벌 | 200벌 | 360벌 | 180벌 |
| 1벌당 인쇄 비용 | 1,300원 | 1,000원 | 900원 | 600원 | 1,200원 |
| 휴무 여부 | 매주 토, 일 | 매주 일요일 | 둘째주, 넷째주 일요일 | 연중 무휴 | 첫째주, 셋째주 토요일, 매주 일요일 |

**달력**

| 일 | 월 | 화 | 수 | 목 | 금 | 토 |
|---|---|---|---|---|---|---|
| | | 1 | 2 | 3 | 4 | 5 |
| 6 | 7 | 8 | 9 | 10 | 11 | 12 |
| 13 | 14 | 15 | 16 | 17 | 18 | 19 |
| 20 | 21 | 22 | 23 | 24 | 25 | 26 |
| 27 | 28 | 29 | 30 | 31 | | |

조건

- 총 1,000벌을 주문할 계획이다.
- 단가와 인쇄 비용을 합한 총 비용이 가장 낮은 업체를 우선 고려한다.
- 10일에 주문을 하는데, 21일에 봉사활동 예정이어서 늦어도 18일까지 조끼를 받을 수 있어야 한다.
- 주문한 다음 날부터 생산을 시작하고, 요구량만큼 생산을 마친 다음 날 받을 수 있다.
- 각 업체에 조끼의 재고가 있을 경우 그 재고량은 이미 생산된 것으로 본다.
- 가장 저렴한 업체가 18일까지 납품할 수 없는 경우 그 다음으로 저렴한 업체를 검토하고, 납품할 수 있는 업체를 찾을 때까지 이 과정을 반복한다.
- 공단 이름을 조끼에 인쇄하는 과정은 고려하지 않는다.

① A업체
② B업체
③ C업체
④ D업체
⑤ E업체

**55** **다음은 근로복지공단 상반기 신입사원 채용시험에서 지원자들의 인성, 적성검사 시험과 필기시험의 순위를 각각 매긴 표이다. A ~ F구 6개 지역에서 선호하는 인재상을 취합해 최소 3개 이상 지역에서 공통으로 선호하는 사람을 선발하려 할 때, 지원자 가 ~ 바 중 선발되는 사람은 모두 몇 명인가?**

| 구분 | 사회성 | 전문성 | 활동성 | 근면성 | 침착성 | 필기시험 |
|---|---|---|---|---|---|---|
| 가 | 1 | 2 | 4 | 6 | 1 | 2 |
| 나 | 3 | 1 | 2 | 5 | 6 | 4 |
| 다 | 2 | 3 | 3 | 4 | 4 | 3 |
| 라 | 4 | 5 | 1 | 3 | 5 | 6 |
| 마 | 5 | 6 | 5 | 2 | 3 | 5 |
| 바 | 6 | 4 | 6 | 1 | 2 | 1 |

**선호인재**

A구: 전문성이 뛰어난 사람
B구: 침착성이 뛰어난 사람
C구: 필기시험 성적이 높고 근면한 인재
D구: 활동성은 떨어져도 침착하고 근면한 인재
E구: 사회성이 우수하며 활동적인 인재
F구: 전문성이 뛰어나며 침착하고 필기시험 성적이 우수한 인재

※ 해당 인재는 각 영역별로 3등 안에 드는 인재를 추려낸다.

① 1명
② 2명
③ 3명
④ 4명
⑤ 5명

**56** 근로복지공단 기획팀에 근무하는 양 과장은 업무의 성과를 높이기 위해서는 비효율적인 보고, 협조, 교류 체계를 개선해야 한다고 생각하여 현재 상황을 진단하고 개선안을 마련했다. 다음 주어진 〈보기〉의 개선안 1과 개선안 2 중 단축되는 시간이 큰 방안을 선택한다고 할 때, 어떤 방안을 선택해야 하며, 이때 단축되는 시간은 얼마인가?

**창조성과관리부의 업무 처리 과정**

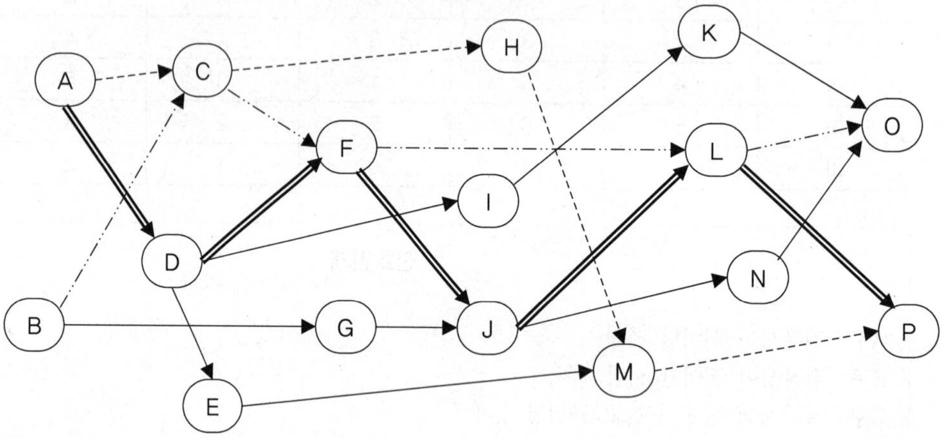


- 다른 종류의 선분은 각각 다른 업무를 의미한다.
- 알파벳은 직원을 의미한다.
- 화살표의 진행방향은 보고, 협조, 교류 등 업무와 관련한 다양한 정보 전달과정을 의미한다.

**선분별 전달 소요시간**

| ──────── (실선) | - - - - - - - (점선) | ════ (이중선) | —··—··— (일점쇄선) |
|---|---|---|---|
| 10분 | 15분 | 20분 | 25분 |

- 화살표(업무)를 받는 사람은 1개를 전달받을 때마다 검토시간으로 13분을 사용한다. 단, A와 B는 검토시간이 없다.
- 그림상의 전달시간, 검토시간을 모두 합한 것을 이 부서의 업무 총량으로 본다.

**보기**

- 개선안 1-인력조정 없이 업무를 조정하는 방안: D-F를 D-J로 바꾸고 G-J를 G-N으로 바꾼다.(전달시간은 기존과 동일)
- 개선안 2-인력을 조정하는 방안: H와 E를 다른 부서로 발령하고, C가 M에게 바로 전달, D가 M에게 바로 전달하게 한다.(전달시간은 기존과 동일)

① 개선안 1, 25분
② 개선안 2, 30분
③ 개선안 1, 30분
④ 개선안 2, 25분
⑤ 개선안 1, 40분

**57** **근로복지공단 고객홍보실은 몇 가지 품목을 묶은 홍보상품세트를 만들어 1주일 동안 전국 각 지사의 민원실을 방문한 고객에게 지급할 예정이다. 이때 고객홍보실 담당직원인 S씨가 판촉물 회사에 주문할 수량의 조합으로 적절한 것은?**

- 홍보제품은 펜 3개, 수첩 1개, 점착메모지 2개, 미니초콜릿 5개로 구성된다.
- 재고가 있는 경우 재고를 최대한 활용하고 부족분을 구매한다.
- 미니초콜릿은 봉지 단위로 구매하여 5개씩 나누어 1세트에 포함시키며, 1봉지에 25개가 들어 있다.

**1주일간 전체 지사의 상품세트 예상 소요량**

| 요일 | 월 | 화 | 수 | 목 | 금 |
|---|---|---|---|---|---|
| 예상 소요량 | 800세트 | 1,000세트 | 1,200세트 | 900세트 | 700세트 |

**재고 보유 개수**

| 품목 | 펜 | 수첩 | 점착메모지 | 미니초콜릿 |
|---|---|---|---|---|
| 재고 수량 | 5,300개 | 2,500개 | 3,400개 | 0봉지 |

| | 펜 | 수첩 | 점착메모지 | 미니초콜릿 |
|---|---|---|---|---|
| ① | 8,500개 | 2,100개 | 6,800개 | 920봉지 |
| ② | 8,500개 | 2,100개 | 5,800개 | 920봉지 |
| ③ | 8,500개 | 2,500개 | 5,800개 | 4,600봉지 |
| ④ | 13,800개 | 4,600개 | 9,200개 | 920봉지 |
| ⑤ | 13,800개 | 2,100개 | 6,800개 | 4,600봉지 |

**[58~59]** P회사는 사무실을 확장 이전하면서 새로운 사무용품을 구매하고자 한다. P회사와 거래하는 업체들의 사무용품 가격과 선호도, 운송비 및 부가가치세가 다음과 같을 때, 이어지는 물음에 답하시오.

주요 품목 가격표

(단위 : 원)

| 구분 | A업체 | B업체 | C업체 | D업체 | E업체 |
|---|---|---|---|---|---|
| 컴퓨터 | 2,200,000 | 1,850,000 | 2,000,000 | 1,680,000 | 2,050,000 |
| 의자 | 800,000 | 650,000 | 400,000 | 550,000 | 700,000 |
| 책상 | 1,400,000 | 900,000 | 1,300,000 | 1,050,000 | 800,000 |
| 태블릿 | 170,000 | 140,000 | 250,000 | 300,000 | 210,000 |

품목별 선호도

(단위 : 점)

| 구분 | A업체 | B업체 | C업체 | D업체 | E업체 |
|---|---|---|---|---|---|
| 컴퓨터 | 6 | 7 | 6 | 9 | 7 |
| 의자 | 8 | 7 | 6 | 8 | 5 |
| 책상 | 9 | 5 | 8 | 9 | 6 |
| 태블릿 | 5 | 9 | 7 | 6 | 8 |

추가 운송 옵션

(단위 : 원)

| 구분 | | A업체 | B업체 | C업체 | D업체 | E업체 |
|---|---|---|---|---|---|---|
| 컴퓨터 | 포장 운송 | 30,000 | 15,000 | 20,000 | 10,000 | 15,000 |
| | 반포장 운송 | 20,000 | 10,000 | 10,000 | 5,000 | 5,000 |
| 의자 | 포장 운송 | 40,000 | 45,000 | 30,000 | 10,000 | 5,000 |
| | 반포장 운송 | 5,000 | 10,000 | 15,000 | 10,000 | 20,000 |
| 책상 | 포장 운송 | – | – | – | – | – |
| | 반포장 운송 | 5,000 | 20,000 | 3,000 | 10,000 | 6,000 |
| 태블릿 | 포장 운송 | 20,000 | 10,000 | 5,000 | 15,000 | 8,000 |
| | 반포장 운송 | 7,000 | 12,000 | 8,000 | 15,000 | 12,000 |

※ 단, 운송비용은 품목별로 적용된다.

부가가치세

| | |
|---|---|
| A업체 | 5% |
| B업체 | 3% |
| C업체 | 6% |
| D업체 | 8% |
| E업체 | 10% |

**58** 다음은 P회사에서 필요한 물품들이다. 이 물품들을 가장 저렴하게 구입하고자 할 때, 그 비용은 얼마인가? (단, 주요 품목 가격표는 부가가치세를 포함하지 않은 가격이며 모든 업체에서 물품별 재고는 10개만 있다.)

| 구분 | 수량 | 비고 |
|---|---|---|
| 컴퓨터 | 8 | 포장 운송 옵션 |
| 의자 | 24 | |
| 책상 | 6 | C업체 이용 불가 |
| 태블릿 | 12 | 반포장 운송 옵션 |

① 32,666,200원
② 33,666,200원
③ 34,666,200원
④ 35,666,200원
⑤ 36,666,200원

**59** P회사 사장은 위 58번 문제의 조건에 추가하여 〈보기〉와 같은 조건으로 사무용품을 구매하려고 한다. 앞서 구한 최소비용과의 차이는 얼마인가? (다른 모든 조건은 위 문제와 동일하다.)

보기
- 컴퓨터는 업체 선호도가 8점 이상이지 않으면 계약을 할 수 없다.
- 의자는 업체 선호도가 7점 미만이면 계약할 수 없다.
- 책상은 업체 선호도가 5점인 업체와만 계약한다.
- 태블릿은 업체 선호도와 상관없이 최저 금액을 제시한 업체와 계약한다.

① 3,419,000원
② 3,519,000원
③ 3,619,000원
④ 3,719,000원
⑤ 3,819,000원

**[60~61] 다음은 근로복지공단 대구지역본부에서 근무하는 K씨가 대중교통을 이용해 15km 떨어진 곳으로 업무를 보러 갈 때 이용할 수 있는 교통수단에 대한 자료이다. 이를 보고 이어지는 물음에 답하시오.**

**교통수단별 비용**

| 구분 | 기본요금 | 추가요금 | 정차 체감비용 | 환승 체감비용 | | |
|---|---|---|---|---|---|---|
| | | | | 택시 | 버스 | 지하철 |
| 택시 | 2,800원 | 3km 초과 100m당 100원 | 1분당 200원 | 0 | 0 | 300원 |
| 버스 | 1,450원 | 해당 없음 | 1분당 100원 | 0 | 0 | 200원 |
| 지하철 | 1,100원 | | 1분당 150원 | 300원 | 200원 | 0 |

※ 정차 체감비용이란 택시나 버스가 신호대기하거나 버스정류소, 지하철역에서 버스와 지하철이 정차할 때의 대기시간을 비용으로 환산한 것을 말한다.

※ 환승 체감비용이란 다른 교통수단으로 환승할 때 걸리는 시간, 번거로움 등을 비용으로 환산한 것을 말한다.

※ 택시 ↔ 버스는 이동하지 않고 바로 환승할 수 있어 환승 체감비용이 발생하지 않는다.

※ 신호대기 시간은 1분이고, 버스 정류소/지하철역에서의 정차 시간은 30초이다.

**교통수단별 1km당 소요시간**

| 구분 | 택시 | 버스 | 지하철 |
|---|---|---|---|
| 1km당 소요시간 | 1분 | 2분 | 1분 30초 |

**K씨의 이동과 관련된 정보**

- 택시만 이용할 경우 이동 중 5번 신호대기를 하게 된다.
- 버스만 이용할 경우 21번째 정류소에서 하차하며, 각 정류장 사이의 거리는 500m이다. 또한 7번의 신호대기를 하게 된다.
- 지하철로만 이동할 경우 16번째 지하철역에서 하차하며, 각 지하철역 사이의 거리는 1km이다.
- 처음에 택시를 타는 경우에는 환승을 하지 않는다.
- 15번째 버스정류장, 9번째 지하철역에서 다른 교통수단으로 환승할 수 있다. 이때 버스 → 지하철로 환승하면 9번째 지하철역에서 출발하고, 지하철 → 버스로 환승하면 15번째 정류장에서 출발한다고 가정한다.
- 지하철에서 버스로 환승할 때, 버스의 신호대기는 3번 남는다.
- 버스나 지하철에서 택시로 환승하면 택시로 이동하는 거리는 4km이고, 신호대기는 1번만 하게 된다.
- 버스와 지하철끼리 환승할 경우 두 교통수단 중 더 비싼 교통수단의 기본요금이 적용되고, 택시와 환승할 경우 각각의 버스/지하철과 택시 기본요금이 모두 적용된다. 단, 환승은 1번만 할 수 있다.
- 택시/버스 ↔ 지하철로 환승할 때에만 환승시간이 5분 소요된다.
- 환승하거나 도착할 때, 환승하거나 도착한 정류장은 정차 체감비용 계산에 포함하지 않는다.

**60** 다음 중 가장 적은 비용으로 이동할 수 있는 방법은?

① 버스만 타고 이동한다.
② 지하철만 타고 이동한다.
③ 버스를 타고 가다 지하철로 환승한다.
④ 지하철을 타고 가다 버스로 환승한다.
⑤ 지하철을 타고 가다 택시로 환승한다.

**61** **K씨는 방문지까지 최대한 빨리 도착하는 교통수단을 이용하려고 한다. 다만 반드시 환승을 해야 한다고 할 때, 다음 중 가장 빨리 도착하는 방법은?**

① 버스를 타고 가다 택시로 환승한다.
② 지하철을 타고 가다 택시로 환승한다.
③ 버스를 타고 가다 지하철로 환승한다.
④ 지하철을 타고 가다 버스로 환승한다.
⑤ 택시를 타고 간다.

**[62～63] 근로복지공단에서는 공단 내 내부문서 관리를 철저히 하기 위하여 모든 사무실에 파쇄기를 구매하여 설치하려고 한다. 다음 A사, B사, C사 관련 자료를 보고 구입 여부를 결정하려고 할 때, 이어지는 물음에 답하시오.**

| 구분 | A사 제품 | B사 제품 | C사 제품 |
|---|---|---|---|
| 가격 | 500,000원 | 420,000원 | 570,000원 |
| 파쇄속도 | 30장/분 | 25장/분 | 35장/분 |
| 주요특징 | • A3 파쇄 가능<br>• 전력 절약모드 지원<br>• a/s 1년 보장 | • 전력 절약모드 지원<br>• a/s 2년 보장<br>• 안전성 인증 획득 | • A3 파쇄 가능<br>• a/s 1년 보장<br>• 안전성 인증 획득 |
| 단점 | • 타사 제품에 비해 부피가 큼 | • 타사 제품에 비해 오류가 자주 남 | • 타사 제품에 비해 전력 소모가 많음 |

## 62

**기자재 구매 담당인 이 사원은 〈보기〉와 같은 기준으로 파쇄기를 구매하려고 한다. 중요도에 따라 점수를 매겼을 때 점수가 높은 순서대로 나열한 것은?**

보기

기준을 충족하는 파쇄기에는 중요도 점수에 해당하는 점수를 매기며, 기준을 충족하지 않을 경우 해당 기준의 점수는 0점이다.

| 기준 | 중요도 점수 |
|---|---|
| A3 파쇄 가능 | 2 |
| 안전성 인증 획득 | 1 |
| a/s 2년 보장 | 3 |
| 1분에 30장 이상 파쇄 | 4 |

① A사 제품 － B사 제품 － C사 제품
② A사 제품 － C사 제품 － B사 제품
③ B사 제품 － A사 제품 － C사 제품
④ C사 제품 － A사 제품 － B사 제품
⑤ C사 제품 － B사 제품 － A사 제품

## 63

**위 62번 문제의 과정을 통해 점수가 가장 높은 파쇄기를 구입하였다. 파쇄해야 할 종이가 7,000장일 때 파쇄하는 데 걸리는 시간은?**

① 3시간
② 3시간 10분
③ 3시간 20분
④ 3시간 30분
⑤ 3시간 40분

**[64~65] 근로복지공단 수원지사에서 근무하는 W씨는 7개 지점에 들러 업무를 처리하려고 한다. 다음의 조건을 참고하여 이어지는 물음에 답하시오.**

- W씨는 A, B, C, D, E, F, G 지점을 방문하고 회사로 돌아와야 한다.
- 수원 회사에서 출발해 A에서 F까지 알파벳 순서대로 방문하여 주문을 하고, G를 방문한 후 다시 F로 돌아와 F부터 A까지 역순으로 방문하며 주문한 물품들을 받아 회사로 복귀한다.
- 회사 및 각 지점 간 거리는 다음과 같다.

| 회사~A | A~B | B~C | C~D | D~E | E~F | F~G |
|---|---|---|---|---|---|---|
| 50km | 45km | 90km | 60km | 85km | 75km | 15km |

- 한편, W씨는 다음의 회사차량 중 한 대를 이용할 수 있는데, 차량별 연비와 사용 연료는 다음과 같다.

| 구분 | 갑 | 을 | 병 | 정 | 무 | 기 |
|---|---|---|---|---|---|---|
| 연비 | 16km/ℓ | 15km/ℓ | 24km/ℓ | 12km/ℓ | 20km/ℓ | 18km/ℓ |
| 연료 | 경유 | 휘발유 | 휘발유 | 경유 | 경유 | 휘발유 |

- 업무일 현재 휘발유 가격은 ℓ당 1,440원이고, 경유 가격은 휘발유 가격의 75%이다.

**64** 위 조건대로 방문을 하려고 할 때, 가장 적은 비용으로 다녀올 수 있는 차량은 무엇이며, 그 때의 비용은 얼마인가?

① 병, 45,200원
② 병, 50,400원
③ 정, 45,360원
④ 무, 50,400원
⑤ 무, 45,360원

**65** 최근 대기오염으로 정부 및 공공기관은 경유 차량 사용을 자제하라는 지침이 내려왔다. 교통비 예산이 45,000원으로 주어졌을 때, 어느 지점까지 다녀오는 것이 가능한가? (단, 이 경우 반환점이 되는 지점에서는 주문 즉시 물건을 받을 수 있으며, 휘발유 가격이 5% 상승했다고 가정한다.)

① C
② D
③ E
④ F
⑤ G

**[66~67] 근로복지공단 인사팀 직원들은 1박 2일 일정으로 워크숍을 가려고 한다. 워크숍 장소 선정업무를 맡게 된 오 대리는 다음과 같은 부장의 지시사항에 따라 가, 나, 다, 라, 마 지역별 평가표를 만들었다. 이를 보고 이어지는 물음에 답하시오.**

**부장 지시사항**

오 대리, 워크숍 장소를 정할 때, 우리 회사에서의 거리, 숙박업소 종류, 숙박비 등을 고려해 주세요. 거리는 가까울수록, 숙박비는 저렴할수록 좋겠지요. 다녀온 사람들이 긍정적인 후기를 많이 남겼다면 그것도 함께 참고해 주세요. 그리고 가까운 곳에 즐길 만한 레포츠 시설이 있으면 좋겠어요.

**오 대리의 평가표**

| 구분 | 거리 | 숙박업소 | 숙박비 | 긍정적 후기 | 레포츠시설 |
|---|---|---|---|---|---|
| 가 지역 | 45km | 콘도 | 8만 원 | 240개 | 유 |
| 나 지역 | 30km | 펜션 | 10만 원 | 530개 | 무 |
| 다 지역 | 105km | 콘도 | 9만 원 | 825개 | 무 |
| 라 지역 | 76km | 민박 | 5만 원 | 59개 | 유 |
| 마 지역 | 20km | 펜션 | 13만 원 | 311개 | 유 |

※ 각각의 항목에 대해 순위를 매겨 1위는 5점, 2위는 4점, 3위는 3점, 4위는 2점, 5위는 1점을 부여한다.
※ 거리는 가까울수록, 숙박비는 저렴할수록, 긍정적 후기는 개수가 많을수록 높은 순위를 매긴다.
※ 숙박업소는 민박 2점, 콘도 3점, 펜션 4점을 부여한다.
※ 레포츠 시설이 있는 경우 1점의 가점을 부여한다.
※ 점수가 같을 경우 거리가 가까운 곳을 선정한다.

**66** 위 평가표에 따라 가장 높은 점수를 받은 지역을 워크숍 장소로 선정할 때, 선정되는 지역은 어디인가?

① 가
② 나
③ 다
④ 라
⑤ 마

**67** 오 대리는 부장의 지시에 따라 평가표에 대한 점수부여 방식을 〈보기〉와 같이 일부 수정하였다. 이때 워크숍 장소로 선정되는 지역은 어디인가?

보기

• 숙박업소는 민박 2점, 콘도 5점, 펜션 4점을 부여한다.
• 레포츠 시설이 있는 경우 3점, 없는 경우 0점을 부여한다.
• 거리가 50km 이내인 경우 2점의 가점을 부여한다.
• 점수가 같을 경우 긍정적 후기가 더 많은 곳을 선정한다.

① 가
② 나
③ 다
④ 라
⑤ 마

**[68~69] 근로복지공단 서울 남부지사에 근무하는 박 과장은 울산에 있는 본사로 출장을 가게 되어 교통편을 알아보고 있다. 관련 교통수단별 운행정보가 다음과 같을 때, 이어지는 물음에 답하시오.**

• 서울~울산까지 고속버스, KTX, 비행기 중 하나의 교통수단을 선택한다.
• 각 교통수단별 운행정보는 다음과 같다.

**시외구간 교통수단별 운행정보**

| 구분 | 고속버스 | KTX | 비행기 |
|---|---|---|---|
| 출발지 | 서울고속버스터미널 | 용산역 | 김포공항 |
| 도착지 | 울산고속버스터미널 | 울산역 | 울산공항 |
| 운행 시간 | 오전 6시부터 30분 간격으로 운행 | 05:30 출발<br>11:05 출발<br>16:10 출발 | 오전 7시부터 3시간 간격으로 운항 |
| 소요시간 | 4시간 20분 | 2시간 13분 | 55분 |

**시내구간 교통수단별 운행정보**

| 이동경로 | 서울남부지사 ⇩ 서울터미널 | 서울남부지사 ⇩ 용산역 | 서울남부지사 ⇩ 김포공항 | 울산터미널 ⇩ 본사 | 울산역 ⇩ 본사 | 울산공항 ⇩ 본사 |
|---|---|---|---|---|---|---|
| 버스 | – | – | – | 25분 | 48분 | 24분 |
| 지하철 | 37분 | 21분 | 42분 | – | – | – |
| 택시 | 29분 | 16분 | 33분 | 15분 | 30분 | 13분 |

※ 단, 12시 이전에 서울터미널/용산역/김포공항에서 출발하는 경우 울산에 도착해 30분 동안 점심식사를 해야 한다.

**68** 박 과장은 대중교통을 이용해 본사로 이동할 계획이며, 본사에서 회의가 오후 3시에 열릴 예정이어서 오후 2시 30분까지는 도착하려고 한다. 중요한 업무보고 때문에 남부지사에 오전 9시까지 출근해 30분이 지난 후에 출발할 수 있다고 할 때, 박 과장이 이용할 수 있는 교통수단을 〈보기〉에서 모두 고르면?

보기
㉠ 택시 – 고속버스 – 버스
㉡ 지하철 – KTX – 버스
㉢ 지하철 – 비행기 – 버스
㉣ 택시 – 고속버스 – 택시
㉤ 택시 – KTX – 택시

① ㉠, ㉢
② ㉠, ㉤
③ ㉡, ㉣
④ ㉢, ㉤
⑤ ㉡, ㉣

**69** 박 과장은 출장 전날, 남부지사에서 예정되었던 업무보고는 같은 팀 김 대리에게 넘기고, 대신 본사에 오전 10시까지 도착해 사전미팅을 하라는 지시를 받았다. 이에 따라 박 과장은 집에서 출발하여 본사에 최대한 빨리 도착하려고 한다. 이때, 박 과장이 이용할 수 있는 교통수단과 가장 빠른 본사 도착시각을 바르게 짝지은 것은?

① 고속버스 – 09:55
② 비행기 – 09:10
③ 비행기 – 08:05
④ KTX – 09:45
⑤ KTX – 08:13

**70** **근로복지공단 구매팀에서는 낡은 복사기를 새 제품으로 교체하려고 한다. 평가 항목별 기준에 따라 점수를 매겨 전체 점수가 가장 높은 회사의 제품을 선택한다고 할 때, 구매팀에서 선택할 복사기는 어느 회사의 제품인가? (단, 동점이 나왔을 경우 가격이 저렴한 제품을 선택한다.)**

**복사기 회사별 정보**

| 구분 | A사 | B사 | C사 | D사 | E사 |
|---|---|---|---|---|---|
| 가격 | 300만 원 | 250만 원 | 280만 원 | 220만 원 | 240만 원 |
| 복사속도 | 100장/분 | 75장/분 | 80장/분 | 65장/분 | 70장/분 |
| 내구성 | 중 | 하 | 상 | 중 | 하 |
| 공공기관 할인 | 30% | 20% | 10% | 20% | 15% |

**가격순위별 점수표**

| 가격순위 | 점수 |
|---|---|
| 1 | 10 |
| 2 | 8 |
| 3 | 6 |
| 4 | 4 |
| 5 | 2 |

**내구성별 점수표**

| 내구성 순위 | 점수 |
|---|---|
| 상 | 10 |
| 중 | 6 |
| 하 | 2 |

**복사속도별 점수표**

| 복사속도 | 점수 |
|---|---|
| 91~100장/분 | 10 |
| 81~90장/분 | 8 |
| 71~80장/분 | 6 |
| 61~70장/분 | 4 |
| 51~60장/분 | 2 |

※ 가격순위별 점수표의 경우, 가격이 저렴할수록 순위가 높으며, 할인까지 적용했을 때의 가격을 반영한다.

① A사
② B사
③ C사
④ D사
⑤ E사

# 근로복지공단

## 직업기초능력평가

박문각

# 근로복지공단

## 직업기초능력평가

### 봉투모의고사

/

## 2회

박문각

# 제2회 직업기초능력평가

(70문항 / 70분)

**01** **다음 글을 읽고 알 수 있는 것을 〈보기〉에서 모두 고르면?**

주요우울장애(major depressive disorder)는 우울장애를 대표하는 전형적인 질환이다. 주요우울장애의 필수증상은 최소 2주 이상 지속되는 우울기분 또는 거의 모든 활동에 있어서의 흥미나 즐거움의 상실이며 이와 함께 식욕, 체중, 수면, 정신운동활동의 변화, 감소된 에너지, 무가치감 또는 죄책감, 생각하고 집중하고 결정하기 어려움, 반복되는 죽음에 대한 생각, 자살사고 또는 자살계획 및 시도 등의 부가적인 증상이 동반된다. 미국에서는 주요우울장애의 1년 유병률은 약 7%이며 연령에 따라 큰 차이를 보이는데, 18~29세 집단의 유병률이 60세 이상 집단보다 3배 이상 높다. 주요우울장애의 원인은 기질적, 유전 및 생리적인 요인과 함께 환경적인 요인이 있다. 기질적으로 존재하는 신경증적 경향성(부정적 정서성)은 주요우울장애의 주요 위험 요인이며 이러한 경향이 높을수록 스트레스 상황에 대한 반응으로 우울삽화가 발생할 가능성이 높다. 유전율은 약 40%이고 신경증적 경향성 성격 특질이 유전적 요인의 상당 부분을 차지한다. 다양한 경험 특히 유년시절의 부정적 경험은 주요우울장애의 잠재적 위험인자 중 하나이며 스트레스 상황은 주요우울장애의 촉발요인이다. 주요우울 삽화의 기간 동안 자살행동의 가능성은 항상 존재한다. 가장 지속적으로 언급되는 위험요인은 자살 시도 혹은 위협의 과거력이지만 완수된 자살의 대부분에서 자살 시도 실패가 전해지지 않았다. 그 외 남성, 미혼 또는 독거, 절망감이 현저한 경우 자살의 위험성이 높다. 주요우울장애에서 대부분의 기능적 결과는 증상에 따라 달라지는데, 손상은 주변의 지인들이 우울 증상을 알아차리지 못할 정도로 경미할 수 있다. 그러나 이 손상은 자기 관리를 위한 기본 활동을 하지 못하거나 무언증이나 긴장증과 같이 기능을 완전히 상실할 정도로 심각하게 나타날 수도 있다. 일반적인 의학적 상황에서 주요우울장애 환자는 더욱 심한 통증을 호소하고 더 많은 신체 질환을 동반하며 신체, 사회, 역할 수행 기능이 현저히 떨어진다. 또한 물질 관련 장애, 공황장애, 강박장애, 신경성 식욕부진증, 신경성 폭식증, 경계성 성격장애가 빈번하게 동반된다.

보기

㉠ 60세 이상 집단이 18~29세 집단보다 주요우울장애의 유병률이 3배 이상 높다.
㉡ 유년시절의 부정적 경험은 주요우울장애의 잠재적 위험인자 중 하나이며 스트레스 상황은 주요우울장애의 촉발요인이다.
㉢ 주요우울장애 환자 중 여성보다는 남성이, 기혼자보다는 미혼자가 자살 위험성이 높다.
㉣ 주요우울장애 환자는 신체, 사회, 역할 수행 기능이 현저히 떨어지며, 공황장애, 강박장애, 신경성 식욕부진증, 폭식증이 동반되는 경우가 많다.

① ㉠, ㉡
② ㉡, ㉢
③ ㉠, ㉡, ㉢
④ ㉡, ㉢, ㉣
⑤ ㉠, ㉡, ㉢, ㉣

**[02～03] 다음 보도자료를 보고 이어지는 물음에 답하시오.**

근로복지공단은 대・중소기업 근로자 간 복지격차 완화, 저소득 취약계층 근로자의 복지 향상을 위해 '2025년 근로복지기금 지원사업' 시행계획을 2025년 3월 4일 공고한다고 밝혔다.
2023년 기업체노동비용조사에 따르면 300인 미만 중소기업 근로자 1인당 월평균 복지비용은 300인 이상 사업장 근로자의 3분의 1 수준에 불과하고(15만 1천 원 VS 43만 4천 원), 특히 30인 미만 사업장 근로자의 월평균 복지비용은 12만 7천 원으로 더욱 열악한 상황이다. 근로복지기금 지원사업은 열악한 중소기업 근로자의 복지수준 향상을 위한 사업으로, 대기업이 자사 직원을 위한 사내근로복지기금에서 협력업체 근로자들을 위해 복지사업을 시행하는 경우 그 지출한 비용의 50%를 지원한다. 또한 둘 이상의 중소기업 등이 함께 공동근로복지기금을 설립하면서 자체로 출연한 자금은 물론 대기업 또는 지방자치단체가 협력업체 등 중소기업의 근로자 복지를 위해 자금을 출연하는 경우에도 최대 100%까지 매칭 지원한다.
예를 들면 대기업 A사가 사내근로복지기금에서 협력업체 근로자들에게 장학금, 문화활동 지원비 등 복지비로 4억 원을 지급한 경우 2억 원을 지원한다. 한편 대기업 A사가 공동근로복지기금에 4억 원을 출연하는 경우 최대 4억 원이 매칭・지원되어 총 8억 원이 참여기업 근로자에게 지원된다. 당초 조성된 기금보다 2배 이상 규모가 커지는 효과이다.
2025년에는 2024년 예산 233억 원보다 대폭 증액(66억 원, 28.3%)된 299억 원을 대기업・중소기업・지자체 출연(지출)액에 매칭 지원할 예정으로, 출연(지출)액 포함 총 752억 원의 복지비 지원 효과가 예상된다.
근로복지공단은 2015년 사내근로복지기금 지원사업, 2016년 공동근로복지기금 지원사업을 도입・운영 중이며, 공동근로복지기금을 중심으로 지원확대를 실시하여 2024년까지 830개 근로복지기금에 1,137억 원을 지원하여 8,717개 중소기업 근로자 123만 4천여 명의 복지수준 향상을 지원함으로써 대・중소기업 간 복지격차 완화에 힘쓰고 있다. 근로복지기금 지원사업과 관련한 기타 자세한 사항은 근로복지넷 홈페이지(welfare.comwel.or.kr)를 참고하거나, 근로복지공단으로 문의하면 된다.

**02** 위 자료의 내용과 일치하지 않는 것은?

① 2023년 조사에 따르면, 30인 미만 사업장 근로자의 월평균 복지비용은 300인 이상 사업장 근로자의 3분의 1 미만이다.
② 근로복지기금 지원사업은 중소기업 근로자뿐 아니라 대기업 근로자의 복지사업도 지원한다.
③ 대기업이 공동근로복지기금에 2억 원의 자금을 출연하는 경우 근로복지기금 지원사업에 따라 최대 총 4억 원이 참여기업 근로자에게 지원된다.
④ 2025년 근로복지기금 지원사업 예산액은 전년도에 비해 20% 이상 늘어났다.
⑤ 2024년 기준 근로복지기금 지원사업으로 복지 혜택을 받은 중소기업 근로자는 120만 명 이상이다.

**03** 위 보도자료의 내용으로 보아, 근로복지기금 지원사업을 시행하는 목적으로 가장 적절한 것은?

① 대기업과 중소기업 근로자의 복지격차 완화
② 중소기업 근로자의 임금 향상
③ 대기업과 중소기업 간 상생협력 강화
④ 중소기업 근로자를 위한 공동기금 설립
⑤ 중소기업 운영에 대한 지원 강화

**[04~05] 다음 보도자료를 보고 이어지는 물음에 답하시오.**

근로복지공단은 저소득 근로자·노무제공자·1인 자영업자의 생활 필수자금 지원을 위해 IBK기업은행과 업무협약을 체결하고 '생활안정자금 이차보전 융자 사업'을 2025년 5월부터 시행한다고 밝혔다. '생활안정자금 이차보전 융자 사업'은 중위소득 이하 근로자·노무제공자·1인 자영업자가 결혼이나 자녀양육으로 생활 필수자금이 필요한 경우 저금리로 대출을 받을 수 있도록 이차보전 방식으로 융자를 지원해 주는 사업이다. 예를 들어 은행에서 근로자의 신용대출 금리가 5.8%로 결정된 경우, 공단에서 3%를 지원하고 근로자는 2.8%에 해당하는 이자만 부담하면 된다. 2025년 사업규모는 약 2만 명에게 기업은행에서 1천억 원을 융자하고, 공단이 30억 원의 이자를 지원하는 계획으로 운영된다.
현재 공단은 취약계층 본인 또는 부양가족의 의료비·혼례비·장례비 등의 생활 필수자금을 담보 없이 연 1.5%의 이율로 지원하는 생활안정자금 융자사업을 운영하고 있다. 그러나 공단의 한정된 예산만으로는 늘어나는 융자 수요를 감당하기 어려워 은행자금을 재원으로 하여 취약계층의 생활안정을 지원하는 이차보전 융자 사업을 새롭게 도입하게 되었다. 종전 융자사업으로 매년 약 2만 명이 융자를 받은 것을 감안하면 2025년에는 이차보전까지 총 4만 명이 융자를 받을 수 있게 되는 셈이다.
이차보전 융자대상은 중위소득 이하인 근로자·노무제공자·1인 자영업자로 혼인신고 후 1년 이내 또는 7세 미만 영·유아를 양육하는 경우 신청할 수 있으며, 1인당 최대 1,000만 원까지 대출이 가능하다. 한편 3인 가구 기준 중위소득의 50%(2025년 252백만 원) 이하 근로자는 이차보전 융자뿐만 아니라, 기존의 생활안정자금 융자도 신청할 수 있다. 다만, 중복신청이 가능한지 여부는 개인별 대출 한도 및 조건에 따라 달라질 수 있다.
신청은 근로복지넷(welfare.comwel.or.kr)에서 가능하며, 행정정보 공동이용 및 공공마이데이터 정보 제공 동의 절차를 거치면 별도의 증명서류도 제출할 필요가 없다.

## 04

**위 자료의 '생활안정자금 이차보전 융자 사업'에 대한 설명으로 옳지 않은 것을 〈보기〉에서 모두 고르면?**

보기

㉠ 근로복지넷에서 신청할 수 있으며, 다른 절차나 증명서류 없이 근로복지넷에서 신청할 수 있다.
㉡ 혼인신고 후 2년이 지났으며 자녀가 없는 근로자의 경우 융자대상에 해당하지 않는다.
㉢ 3인 가구 기준 중위소득의 50% 이하인 근로자는 이차보전 융자와 생활안정자금 융자를 모두 신청하는 경우도 가능하다.
㉣ 기존의 생활안정자금 융자보다 연 이율이 저렴한 것이 특징이다.

① ㉠, ㉡
② ㉠, ㉣
③ ㉡, ㉢
④ ㉠, ㉢, ㉣
⑤ ㉡, ㉢, ㉣

## 05

**위 자료에서 알 수 없는 것은?**

① 2025년 생활안정자금 이차보전 융자 사업의 규모
② 2025년 근로복지공단 융자 사업 혜택 총 예상 인원
③ 생활안정자금 이차보전 융자 사업의 시행 배경
④ 생활안정자금 이차보전 융자 대상자 및 최대 대출금액
⑤ 2026년 생활안정자금 이차보전 융자 사업 시행 방안

**[06 ~ 07] 다음은 근로복지공단에서 개최하는 '산재보험 바로 알기' 숏폼 영상 공모전과 관련한 공고문이다. 이를 보고 이어지는 물음에 답하시오.**

산재보험에 대한 인식 제고 및 미래지향적 발전방향을 모색하고자 숏폼 영상 공모전을 아래와 같이 개최하오니 국민 여러분의 많은 참여를 바랍니다.

◎ 공모주제: 산재보험을 쉽고 재미있게 전달하는 내용
◎ 참가대상: 산재보험에 관심 있는 대한민국 국민 누구나, 개인 또는 팀(최대 3인)
◎ 공모기간: 2025. 3. 4.(화) ~ 3. 31.(월)
◎ 참가방법

- 담당자 이메일(abcd1234@comwel.or.kr)로 참가 신청
- 참가자 본인의 영상플랫폼에 영상 업로드 후 참가 신청서에 영상 URL 기입
- 제출형식: 20초 이상~60초 이내 숏폼 영상(1920×1080픽셀, 9 : 16 비율)
- 영상 업로드 시 해시태그(#근로복지공단 #산재근로자의날) 작성 필요

◎ 심사기준: 창의성(30%), 홍보효과성(35%), 완성도(35%)를 종합적으로 심사하여 결정
◎ 결과발표 및 시상

- 결과발표: 2025. 4. 25.(금) 예정
- 시상식: 2025. 5. 2.(금) 예정
  ※ 시상식 일시 및 장소는 수상자 개별 안내
- 시상내역: 최우수상(1점), 우수상(2점), 장려상(3점)

| 구분 | 최우수상 | 우수상 | 장려상 | 비고 |
|---|---|---|---|---|
| 수상자 | 1명 | 2명 | 3명 | 제세공과금 공제 후 지급 |
| 상금 | 150만 원 | 각 100만 원 | 각 50만 원 | |

※ 최우수상, 우수상 수상자 전원 이사장 상장 수여

□ 유의사항

- 심사결과 동일한 점수의 경우, 먼저 접수된 영상을 우선으로 인정
- 개인 · 단체 중복하여 참여할 수 없으며, 1건의 영상으로만 참여 가능
- 심사 완료 시까지 제출한 URL 링크의 영상이 전체공개 상태로 게시되어 있어야 함
- 타 공모전에 참여하여 수상이력이 있거나, 타인의 아이디어로 확인될 경우 심사대상에서 제외되며, 시상 이후 확인될 시 수상 취소 및 상금 환수 처리됨
- 응모하는 모든 제작물은 초상권, 저작권, 지적소유권, 음원, 재산권, 대여권 등(사진, 이미지, 음원, 영상, 폰트 등)의 이용에 법적인 문제가 없어야 하며, 원저작자의 허락이 필요한 경우 허가를 받은 후 활용해야 함. 이와 관련 분쟁 발생 시 응모자가 모든 책임을 부담함
- 선정된 아이디어의 소유권, 저작권, 지식재산권 등 일체의 권리는 공단에 귀속되며, 직 · 간접적으로 이용하거나 재해석하여 향후 정책 또는 사업으로 활용할 수 있음

**06** **위 공고문의 내용과 일치하지 않는 것은?**

① 2인 또는 3인이 팀을 이뤄 참가하는 것이 가능하다.
② 시상식은 결과발표 1주일 후에 진행되며, 일시 및 장소는 수상자에게 따로 안내한다.
③ 총 500만 원의 상금이 6명의 수상자에게 주어진다.
④ 1분 이내의 영상 1개를 업로드한 후, 참가 신청서에 영상 URL을 기입하여 이메일로 신청하는 방식으로 참가할 수 있다.
⑤ 심사기준은 완성도, 홍보효과성, 창의성이며, 이 중 완성도를 가장 중요하게 평가한다.

**07** **위 공고문을 보고 인터넷 게시판에 문의사항이 게시되었다. 이에 대한 답변으로 적절한 것을 〈보기〉에서 모두 고르면?**

보기

㉠ Q: 숏폼 영상의 주제는 산재보험에 관한 것이면 어떤 것이든 가능한가요?
A: 산재보험을 쉽고 재미있게 전달하는 1분 이내의 영상이라면 어떤 것이든 가능합니다.
㉡ Q: 영상을 업로드할 때 해시태그를 달고, 전체공개도 해야 하나요?
A: 네, 해시태그 #근로복지공단 #산재근로자의날을 꼭 작성하셔야 합니다. 또한 심사가 완료되는 4월 25일까지는 전체공개 상태로 게시되어 있어야 합니다.
㉢ Q: 제출한 영상의 저작권은 어떻게 되나요?
A: 응모하신 분들이 제출한 모든 영상의 아이디어 소유권, 저작권, 지식재산권 등 일체 권리는 공단에 귀속됩니다.
㉣ Q: 15초짜리 영상을 제출하는 것은 불가능한가요?
A: 네, 영상은 최소 20초 분량은 되어야 합니다.

① ㉠, ㉡
② ㉡, ㉢
③ ㉠, ㉡, ㉣
④ ㉠, ㉢, ㉣
⑤ ㉡, ㉢, ㉣

**[08～09] 다음은 산재근로자 사회심리 재활지원에 대한 규정이다. 이를 보고 이어지는 물음에 답하시오.**

> **산재근로자 사회심리 재활지원**
>
> ○ 목적: 산재 및 장해로 인한 심리적 충격을 해소하여 재활의욕 고취
>
> ○ 지원 형태: 현금/현물
>
> ○ 지원 대상
> 1. 심리상담 서비스: 요양 중인 산재근로자
> 2. 희망 찾기·사회 적응 프로그램
>    - 희망 찾기 프로그램: 입원, 통원 중인 산재근로자
>    - 사회 적응 프로그램: 장해등급 제1～14급 판정을 받은 자(장해판정을 받은 날로부터 3년 이내) 또는 통원 요양(2년 이상) 중인 자로 취업 여부와 관계없음
> 3. 재활스포츠: 통원 중인 요양환자 중 종결 예정자 및 산재장해인으로 팔, 다리, 척추에 기능·신경 장해가 남은 자(예상자 포함)
> 4. 취미 활동반: 진폐입원 산재근로자
> 5. 멘토링 프로그램: 원 직장 복귀가 불투명한 자 또는 잡코디네이터나 사회복지사 추천자 등
>
> ○ 지원 내용
> 1. 심리상담 서비스: 의료기관에서 실시하는 다차원 심리검사 지원 및 전문기관을 통한 집중 심리상담 지원(다차원 심리검사 결과에 따른 상담 서비스 차등 지원)
> 2. 희망 찾기·사회 적응 프로그램: 요양 중인 산재근로자 대상 희망 찾기 프로그램은 4회 또는 8회 지원함. 요양 종결자를 대상으로 한 사회 적응 프로그램은 1개월에서 3개월 기간 동안 집단프로그램 지원
> 3. 재활스포츠: 1인당 월 10만 원 6개월 한도 내에서 이용실비 지원(최대 3개월 연장 가능)
> 4. 취미 활동반: 1인당 월 5만 원 범위 내 활동비 지원(진폐입원 산재근로자가 10명 이상인 의료기관에 비용지원을 통한 취미 활동 지원)
> 5. 멘토링 프로그램: 멘토에게 활동 비용(최대 4시간 20만 원) 및 교통비 지원

## 08

**〈보기〉는 산재근로자 갑, 을, 병의 사회심리 재활지원 내용이다. 지원 내용과 지원 가능 대상이 적절하게 짝지어지지 않은 것은?**

> 보기
>
> 갑: 1년 전 공장에서 일하다가 손이 절단되어 장해 판정 3급을 받고 현재는 통원 요양을 하고 있을 뿐, 근로하고 있는 곳이 없다. 한 손으로 그림을 그리는 것을 좋아한다.
>
> 을: 석탄 공장에서 일하다가 폐결핵에 걸려 진폐입원 산재근로자로 판정받았다. 현재 입원 중이며 거의 회복되었다.
>
> 병: 레스토랑에서 요리사로 일하던 중, 폐결핵 판정을 받고 4년째 통원 요양을 하고 있다.

① 갑 – 취미 활동반
② 을 – 희망 찾기 프로그램
③ 병 – 심리상담 서비스
④ 갑 – 심리상담 서비스
⑤ 병 – 사회 적응 프로그램

**09** **위 규정의 내용과 일치하지 않는 것은?**

① 산재근로자 사회심리 재활지원은 현금이나 현물 형태로 지원된다.
② 진폐입원 산재근로자로 폐 관련 질환에 걸렸으며 1년째 입원 중인 자는 재활스포츠 지원 대상자가 아니다.
③ 심리상담 서비스는 요양 중인 산재근로자라면 산재받은 질환 등이 무엇이든 상관없이 지원받을 수 있다.
④ 취미 활동반 지원의 경우, 진폐입원 산재근로자라면 어디서든 비용을 통한 지원을 받을 수 있다.
⑤ 심리상담 서비스를 지원받기 위해서는 다차원 심리검사를 받아야 한다.

**10** **다음 글에 대해 이해한 것으로 적절하지 않은 것은?**

우리 뇌는 여러 가지 감각기관을 통해 들어온 정보를 종합하여 몸의 평형 상태 여부를 판단한다. 이 과정에서 특히 귀의 평형기관을 통해 뇌에서 감지되는, 머리의 위치와 운동의 방향에 대한 정보들이 중요한 역할을 한다.

귀의 평형기관은 세 개의 반고리관과 타원주머니, 둥근주머니 등으로 구성되어 있다. 세 개의 반고리관은 머리의 움직임과 관련된 회전 가속을, 타원주머니는 수평 방향의 가속을, 둥근주머니는 수직 방향의 가속을 감지한다. 또한 반고리관 내부는 림프액으로 채워져 있고 반고리관 끝에 있는 팽대부 속에는 털세포가 있는데 털세포의 밑부분은 1차 감각뉴런*에 인접해 있고, 털세포의 섬모들은 젤라틴 성분으로 이루어진 팽대정에 묻혀 있다.

반고리관 중 전반고리관은 고개를 끄덕일 때 머리가 위아래로 움직이는 것을, 측반고리관은 머리를 가로저을 때처럼 머리가 좌우로 움직이는 것을 감지한다. 또한 후반고리관은 귀를 어깨 쪽으로 기울일 때 머리가 움직이는 것을 감지한다. 이때 반고리관마다 감지하는 움직임의 종류가 다른 이유는 각 반고리관이 머리의 안쪽을 중심으로 서로 다른 방향으로 교차되어 있어, 반고리관들의 각도와 그에 따른 림프액의 움직임이 다르기 때문이다. 가령 제자리에서 한 방향으로 돌면 측반고리관 속 림프액의 움직임이 가장 크며, 회전을 하다가 갑자기 멈추더라도 림프액의 움직임은 잠시 동안 지속된다. 이때 섬모들도 림프액과 동일한 방향으로 휘어지게 되며, 이러한 섬모들의 움직임은 뇌로 송출하는 전기적 신호를 변화시킨다.

그렇다면 이와 같은 섬모들의 움직임과 뇌가 인식하는 전기 신호의 변화와는 어떤 관련이 있을까? 하나의 털세포에는 길이가 가장 긴 운동섬모와 길이가 짧은 여러 개의 부동섬모들이 있는데, 각 섬모들은 일종의 스프링과 같은 '단백질 다리'로 연결되어 있다.

머리의 움직임이 없을 때 섬모의 이온 채널*은 약 10% 정도 열려 있는데 이를 '분극' 상태라고 한다. 이때 일정량의 신경전달물질이 1차 감각뉴런에 전달되어 일정한 간격의 전기 신호를 뇌로 송출하고 우리 뇌는 이것을 평형 상태로 인지한다. 그러나 머리를 움직여 림프액이 이동하면 운동섬모와 부동섬모들이 운동섬모의 방향으로 휘어지고, '단백질 다리'가 팽팽해지면 이온 채널이 10% 이상 열리게 되는데 이러한 상태를 '탈분극'이라고 한다. 반면 운동섬모의 반대 방향으로 휘어지면 '단백질 다리'가 느슨해지면서 이온 채널이 닫히게 되고 이러한 상태를 '과분극'이라고 한다.

이처럼 탈분극이 발생하면 1차 감각뉴런으로 분비되는 신경전달물질의 양은 늘어나고, 과분극이 발생하면 줄어들게 된다. 그리고 신경전달물질의 양에 비례하여 뇌로 전달되는 전기 신호의 발생 빈도도 달라지게 된다. 이와 같은 과정을 통해 뇌는 우리 몸의 평형 상태 여부를 판단하게 되는 것이다.

* 1차 감각뉴런: 감각기관에서 일어난 자극을 최초로 전달받아 척수와 같은 중추신경계로 전달하는 뉴런이다.
* 이온 채널: 이온이 이동하는 통로

① 평형 상태를 느낄 때에는 분극 상태로 일정한 간격의 전기적 신호가 뇌로 송출되는구나.
② 엘리베이터를 타고 움직임을 느낄 수 있는 것은 둥근주머니가 정상적으로 작동했기 때문이구나.
③ 이온 채널이 10% 이상 열리게 되면 1차 감각뉴런으로 분비되는 신경전달물질의 양은 늘어나는구나.
④ 반고리관들의 각도와 그에 따른 림프액의 움직임으로 인해 뇌에서 다양한 움직임을 감지할 수 있구나.
⑤ 회전을 하다가 갑자기 멈추면 림프액과 섬모들이 서로 반대 방향으로 휘어지면서 뇌로 송출하는 전기적 신호를 변화시키는구나.

**11** **다음 글의 중심내용으로 가장 적절한 것은?**

미국의 첫 사회보장보험으로 시작된 산재보험은 주법에 속한다. 1911년에 9개 주가 이를 시작하여 1921년에는 6개 주를 제외한 44개 주가 산재보험을 마련하였으며, 1949년에 이르러 미국의 50개 주 모두가 주 노동법으로 산재보험을 갖추게 되었다. 연방공무원은 별도의 연방프로그램에 의해 산재로부터 보호를 받고 있다. 산재보험이 도입되기 이전에는 상해를 입은 근로자가 보상받기 위해서는 사업주를 상대로 민사소송을 제기해야 했으며 사업주의 책임을 증명해야 하는 어려움으로 인해 보상을 받지 못하는 경우가 많았다. 또한 사업주 측의 입장에서 보면 비록 재판에서 승소하더라도 재판비용을 지불해야 하는 재산적 손실을 감수해야 했다. 불필요한 민사소송을 막고 상해를 입은 근로자에게 적절한 보상을 하기 위하여 산재는 무책임(no fault) 보험으로 마련되었으며, 산재에 대한 분쟁은 일반법원이 아닌 산재전문법원(Worker's Compensation Appeals Board)에서 배심원 없이 행정재판을 하게 된다. 산재보험에 가입한 사업주는 더 이상 산재근로자 보상에 대한 재정적 책임을 질 필요가 없다. 상해를 입은 근로자는 사업주를 상대로 민사소송을 할 수 없으며 대신 산재 발생 시 본인의 잘잘못을 따지지 않고(무책임) 보상을 받게 된다. 산재에 대한 책임은 산재보험사가 100% 보상한다. 대부분의 주에서는 민영보험사들이 산재보험을 제공하고 있으며 캘리포니아, 콜로라도, 아이다호, 매릴랜드, 몬타나, 뉴욕, 오클라호마, 오레곤, 펜실베니아, 유타 주 등 21개 주에서는 주정부가 운영하는 공단 형식의 주정부 산재기금(state fund)이 민영보험사들과 경쟁을 하며 산재보험을 제공하고 있다. 또한 노스 다코타, 오하이오, 와이오밍 주 등에서는 민영보험사 없이 주정부가 독점으로 산재보험을 제공한다.

미국에서는 최근 수년간 산재 발생이 줄고 있다. 여기에는 작업장의 강화된 안전수칙, 근로자들의 안전교육도 한 몫을 하고 있지만 미국의 노동시장에서 단순 노동직이 크게 줄고 있는 것도 또 다른 이유라고 볼 수 있다. 원직장 복귀율도 좋아져 장해를 입은 근로자의 70% 가량이 다시 노동시장에 돌아가고 있다. 이 역시 노동 집약에서 몸을 많이 쓰지 않아도 되는 서비스 중심으로 바뀐 노동시장 환경 탓이라고 할 수 있다. 산재시장은 경제와 직결되어 있다. 경제가 나빠지면 일하는 근로자의 수가 줄고 일을 하고 있는 근로자들은 직장을 잃지 않으려고 산재신고를 꺼리는 경향이 있다. 그러나 한때 하향곡선을 그리던 산재비용은 다시 고개를 들고 있다. 이는 의료비의 가파른 상승 때문이다. 혹자들은 미국의 의료비가 상승하는 원인으로 지나치게 높아진 의료사고 보상비를 들고 있다. 캘리포니아주에서도 산재비용이 상승하고 있다. 전국적으로 불고 있는 최저임금 인상 그리고 물가 상승률을 넘어서는 의료비 상승 때문이다. 그러나 지금과 같은 불안정한 경제 상황에서 사업주들에게 과중한 재정적 부담을 줄 수 없다는 정치적인 이유로 보험국에서는 산재보험료 인상에 매우 소극적이다. 산재보험의 이윤이 줄어들면 민영보험사들이 시장에서 빠져나가기 시작하고 주정부 산재기금의 시장점유율이 늘어나게 된다. 그리고 시간이 지나 시장이 안정되면 다시 몰려온다. 이런 모든 현상이 주기적으로 반복된다. 산재시장은 경제의 회복, 의료개혁, 그리고 다음 주지사가 누가 되느냐 등 정치적인 변수 등에 따라 늘 유동적이다. 사회보장보험의 개념인 산재가 건전하게 살아남기 위해서는 산재근로자가 다시 노동시장으로 돌아가고자 하는 동기를 부여할 수 있어야 한다. 즉, 산재의 보상 수준이 너무 높아지면 산재 장애인에게 동기부여가 되지 않는다. 이는 미국의 웰페어 수혜자들에게서 찾아 볼 수 있는 현상이다. 최저임금을 받고 일해서 버는 돈보다 아이를 낳아 식구수를 늘려 받는 생활보조금이 더 높아 많은 수의 빈민층은 자진해서 생활보호 대상자로 남기를 선호하고 있다. 건전한 산재시장을 위해서는 기타 사회보장제도의 동반 발전이 필요하다. 저소득층을 위한 생활보조금이나 장애근로자를 위한 장애급여 등이 별도로 마련되면 모든 것을 산재에 의지하는 상황이 개선될 것이다. 또한 장애인의 동등한 사회참여가 보장된다면 산재 장애인들이 다시 노동시장에 참여하는 생산적인 사회가 이루어질 것이다.

① 미국의 사회보장으로서의 산재보험은 근로자에 대한 적절한 보상과 사업주의 재산적 손실을 막기 위해 민영보험사에서 실시된다.
② 단순 노동직 일자리의 감소로 인해, 미국의 산재 발생은 계속 줄어드는 추세이다.
③ 산재근로자에 대한 노동동기 부여 및 사회보장제도 발전이 함께 이루어져야 산재보험의 건전한 작동이 가능하다.
④ 경제 회복, 의료개혁, 정치적 변수 등에 따라 산재시장은 계속 변화한다.
⑤ 산재비용은 최저임금 인상 및 물가 상승률을 넘어서는 의료비 상승으로 인해 상승한다.

**12** 다음 글의 내용을 바르게 이해한 것은?

오래전에 기업연금제도를 시작한 독일은 타 국가들과는 약간 다른 형태의 기업연금제도를 운영하고 있다. 독일의 퇴직연금은 사용자가 근로관계의 성립을 전제로 자율적으로 근로자에게 노령, 유족, 장애연금을 약속하는 형태를 의미하는데, 사용자의 재원에 의해(사용자 지불형), 혹은 근로자의 급여로부터 동일한 가치의 급여기대권(급여전환형)으로 전환되어 지급된다. 독일 근로자의 절반 이상이 기업연금에 가입되어 있다. 독일의 기업연금은 직접적인 급여약속과 간접적인 급여약속으로 구분하는데, 전자는 직접약속(Direktzusage), 후자는 지원금고, 직접보험, 연금금고, 연금펀드로 구분된다. 직접보장이 사용자가 연금급여의 지급을 스스로 이행할 의무를 부담하는 것으로, 퇴직연금기금 비중 중 가장 크다. 지원금고는 사용자와의 위임계약에 근거하여 수급자에게 지급할 의무만 부담하여 수급자가 직접 청구권을 행사할 수는 없다. 연금금고는 근로자가 보험계약자로서 급여청구권이 있으며, 생명보험회사의 특수형태라고 할 수 있다. 직접보험은 사용자가 근로자를 위해 체결하는 생명보험으로, 수급자는 근로자이나 사용자가 보험료 납입의무자인 동시에 피보험자가 된다. 마지막으로 연금기금은 근로자가 수급권자로서 법적 청구권을 직접 행사할 수 있으며, 확정기여형을 원칙으로 한다. 급여형태로는 확정급여형, 변형확정 급여형, 확정보장형(최소급여보장 확정기여형) 등 세 가지가 있다. 확정급여형이란 사용자는 근로자에게 지급시점에서 지급하기로 약속된 급여를 지급하는 것이며, 아직까지는 이 유형에 해당되는 비중이 높다. 변형확정급여형은 사용자가 정기적 혹은 일시적으로 납입하는 일정 부담금을 급여기대권으로 전환시키는 형태이며, 확정보장형은 사용자는 부담금 납입의무가 있으며 최소한 약속된 급여는 책임을 진다는 것이다. 이러한 다양한 형태가 존재하는 이유는 이미 150여 년 전부터 기업에 의한 노후소득 보장이 이루어졌으나 당시 금융시장 미발달로 인해 신뢰할 수 있는 금융기관 및 금융상품이 존재하지 않았기 때문이다. 독일의 기업연금은 연금 또는 일시금 형태로 지급되지만 일시금 형태는 엄격하게 관리되고 있다. 그리고 근로자의 연령이 만 25세, 급여 약속기간이 5년 이상인 경우 기대권의 인정을 통해 연금형태의 노후급여를 보장한다. 사용자가 법률이 정하는 최소 5년, 최장 20년의 대기기간과 최소 25세 연령 범위 내에서 자유롭게 정할 수 있다.

① 독일의 기업연금은 연금 또는 일시금 형태로 지급되며, 연금 형태는 엄격하게 관리된다.

② 독일의 기업연금 중 직접적인 급여약속은 지원금고, 직접보험, 연금금고, 연금펀드로 구분된다.

③ 직접보험은 사용자가 근로자를 위해 체결하는 상해보험으로, 사용자가 보험료 납입의무자인 동시에 피보험자가 된다.

④ 연금기금은 근로자가 수급권자로서 법적 청구권을 직접 행사할 수 있으며, 확정기여형을 원칙으로 한다.

⑤ 근로자의 연령이 만 24세, 급여 약속기간이 7년 이상인 경우 기대권의 인정을 통해 연금형태의 노후급여를 보장한다.

**13** **다음 보도자료를 보고 보일 수 있는 반응으로 적절하지 않은 것을 〈보기〉에서 모두 고르면?**

**진폐증 요양 중에도 장해급여 청구 가능**

근로복지공단은 2016년 대법원 판결(대법원2016두48485)에 따라, 진폐보상연금이 도입된 2010년 11월 21일 이전부터 진폐 및 합병증으로 요양이 결정된 진폐 근로자들은 요양 중에도 장해급여 지급이 가능하다고 밝혔다. 산재보험법상 장해급여는 요양이 끝난 후 치유(치료의 효과를 더 이상 기대할 수 없고 증상이 고정된 상태)된 사람에게만 지급이 가능하여 산재노동자는 원칙적으로 요양이 끝난 후에만 장해급여를 받을 수 있다. 하지만, 대법원에서는 2016년 "진폐는 상병 특성상 치료효과를 더 이상 기대할 수 없어 증상이 고정되었다고 봄이 상당하므로 진폐 합병증 요양을 이유로 장해등급 판정을 거부해서는 안 된다."는 내용으로 요양 중에도 장해급여 지급이 가능하다는 판결을 하였다. 판결 이후 공단은 2017년부터 업무처리기준을 변경하여 대상자들에게 장해급여와 위로금을 지급하고 있으며, 현재까지 많은 진폐 근로자와 유족들이 변경된 기준에 근거하여 보험급여와 위로금을 지급받아 왔다.
다만, 대법원 판결 적용 대상자는 2010년 11월 21일 이전부터 진폐 및 합병증으로 산재 요양 중이거나 요양 중 사망한 근로자에 한하며, 급여 등을 지급 받기 위해서는 강원 또는 광주지역본부 진폐보상부에 장해급여 청구서를 제출하여야 한다. 아울러, 광업 사업장에서 직접분진에 노출된 직력이 있는 진폐 근로자의 경우 장해급여 외에 진폐예방법에 따른 장해위로금(장해보상일시금의 60%)을 추가로 지급받을 수 있으므로 이 경우, 장해위로금 지급 신청서를 함께 제출하면 장해위로금도 함께 받을 수 있다.
또한, 2017년 5월 10일 전에 청구 수급권이 발생한 경우에는 2022년 5월 8일까지만 청구가 가능한데, 이는 산재보험법상 장해급여 소멸시효가 5년이기에 업무처리기준 변경 이후 5년이 경과된 2022년 5월 9일부터 접수되는 청구서는 소멸시효 도과로 지급이 불가능하기 때문이다.
근로복지공단 측은 진폐 요양 환자나 유족들이 빠른 시일 내에 장해 보상을 청구하여 본인들의 권리를 찾기를 희망한다고 밝혔다.

보기

㉠ 대법원이 진폐 합병증 요양을 하는 사람들에게도 장해급여 지급이 가능하다고 본 것은, 진폐의 상병 특성 때문이구나.
㉡ 대법원 판결로 인해 산재보험법상 산재노동자가 요양이 끝나기 전에 장해급여를 받는 것이 가능해졌구나.
㉢ 광업 사업장에서 직접분진에 노출되었던 진폐 근로자의 경우, 추가 신청 없이 장해 위로금을 추가로 지급받을 수 있겠군.
㉣ 2017년 5월 10일 전에 청구 수급권이 발생한 경우에는 2022년 5월 8일까지만 청구가 가능한 것은, 산재보험법에 장해급여 소멸시효가 규정되어 있기 때문이다.

① ㉠, ㉢
② ㉡, ㉢
③ ㉠, ㉣
④ ㉡, ㉣
⑤ ㉢, ㉣

**14** 다음 글의 내용과 일치하지 않는 것은?

> 오랜 기간 동안 과학자들과 철학자들은 단어의 의미가 뇌의 물리적 재료 속에 들어 있는 것이 아니라고 여겼다. 그러다 오늘날에 이르러서는 의미가 뇌에서 일어나는 물리적 현상과 관련이 있다는 가설을 받아들이게 되었다. 어떤 단어의 의미는 사전적으로 해당 단어를 어떤 상황이나 문맥에서 사용하는 것이 적절한지에 대해 사람들이 가지고 있는 지식으로 정의된다. 그러나 이러한 정의는 의미가 뇌의 어딘가에 있는 특정한 뉴런들이 자극을 받아 활성화될 때 발생하는 것이라는 실제 현실을 반영하는 것은 아니다.
> 예를 들어, 어떤 사람 A의 뇌에서 발생하는 뉴런들의 활성화 유형을 그림으로 나타낼 수 있으며, 그 그림이 'mathematician'이라는 단어와 상응하는 것이라고 상상해 보자. 사실 뉴런들의 활성화 유형을 그림이나 수식으로 나타낸다는 것은 불가능에 가깝긴 하지만 말이다. 그런데 이들 뉴런의 활성화가 'apple'이라는 단어 혹은 발에서 발생한 가려움이 아니라, 'mathematician'이라는 단어와 상응한다는 것을 뇌에서 어떻게 확인할 수 있을까? 이 질문에 대한 대답이 무엇인지 알기 위해서는 어떤 사람 A와 다른 사람인 B의 뇌에서 발생한 'mathematician'에 상응하는 뉴런의 활성화 유형이 항상 일치한다고 상상해야 한다. 그러나 B의 뉴런들이 A의 뇌에서 활성화되었던 뉴런들과 물리적으로 정확히 일치하리란 보장은 없다. 주변의 뉴런들과 연결되어 있는 양상이 약간 상이할 수도 있고, 범위가 더 넓거나 좁을 수도 있으며, 아예 뇌 부위가 서로 다를 수도 있다.
> 서로 다른 뇌에 속하는 뉴런들이 물리적으로 상이함에도 불구하고, 이 뉴런들의 활성화가 어떻게 동일한 대상, 즉 'mathematician'의 의미에 해당될 수 있을까? 어떤 단어에 상응하여 활성화되는 뉴런은 사람마다 물리적으로 다를 가능성이 높다. 하지만 그 단어를 들을 때마다 각각의 뇌에서 어떤 특정한 유형으로 활성화된다면, 뉴런의 물리적 차이는 문제가 되지 않는다. 이렇게 보면 각 단어에 상응하는 뉴런들이 특정한 유형으로 활성화된 것이 바로 그 단어의 의미이다. 단어마다 상응하는 뉴런들의 활성화 유형이 서로 다르기 때문에, 이 단어의 의미와 저 단어의 의미가 뇌에서 구별되는 것이다.

① 사람마다 동일한 단어를 들었을 때 활성화되는 뇌의 범위가 다를 수 있다.
② 과거에는 단어의 의미가 뇌에서 일어나는 물리적 현상과 관련 있다는 가설을 받아들이지 않았다.
③ 각 단어의 의미를 뇌에서 구별할 수 있는 이유는 단어마다 상응하는 뉴런의 활성화 유형이 다르기 때문이다.
④ 뉴런들의 활성화 유형을 수식으로 나타내는 것은 불가능하기 때문에 가능한 방법인 그림으로 나타내는 경우가 많다.
⑤ 어떤 뉴런의 활성화 양상이 특정 단어와 상응한다는 확인하기 위해서는 특정 단어에 상응하는 뉴런의 활성화 양상이 항상 일치한다는 가정을 해야 한다.

**15** **다음 글의 주제로 가장 적절한 것은?**

사람의 내장 기관 중 재생 능력이 가장 뛰어난 간의 경우, 건강한 사람은 간의 절반 정도를 잘라내도 다시 원래대로 재생되는 것이 관찰되었다. 나머지 다른 기관들도 어느 정도까지는 재생 능력이 있는데, 가장 중요한 뇌 세포는 재생되지 않는다. 그동안의 연구 결과에 따르면 뇌 세포는 분열할 능력은 있지만 여러 가지 조건상 분열이 제한되어 있어 다른 기관과 달리 재생되지 않는 것이 밝혀졌다. 관찰 결과 뇌의 신경세포가 상처를 입으면 주변을 둘러싸고 있는 교세포들이 신경세포의 재생을 막는 방해물들을 내어 재생을 막는 것이다. 그런데 실험실에서 신경세포 하나만을 꺼내서 일부러 상처를 입힌 뒤, 방해 물질과의 접촉을 막고 신경세포의 성장을 도와주는 물질들을 처리해 주면 신경세포가 재생되는 것이 관찰되었다. 그렇다면 왜 우리의 뇌는 원래 재생력이 없는 것도 아니면서 교세포가 방해 공작을 펴서 신경세포의 분열과 재생을 막도록 진화해 왔을까? 우리가 어떤 정보를 뇌 세포에 기억시키는 것은 그 정보를 신경세포의 회로에 저장한다는 것이다. 이 신경세포는 이후에 이동하거나 변화되면 안 된다. 정보를 저장한 뒤에도 신경세포가 마구 분열한다면 이후 이 회로는 엉망이 되어 기억의 내용이 뒤죽박죽되어버릴 것이기 때문이다. 그러므로 일단 정보를 저장하고 회로가 완성되면 신경세포들은 더 이상 분열하지 않아야 한다. 그래야 기존의 기억을 제대로 보관할 수 있다. 그래서 우리의 뇌는 상처를 입었을 때 재생할 수 없다는 엄청난 위험 부담을 감수하고서라도 기존의 신경, 전달 회로를 지키려는 전략을 택하게 되었다. 하나를 얻기 위해 다른 하나는 희생해야 하는 것, 진화는 그렇게 냉정하게 진행되어 왔다.

① 인간의 진화 과정에서 뇌의 재생 능력 또한 진화되어 왔다.
② 뇌가 타 기관보다 재생 능력이 떨어지는 것은 뇌 신경세포의 특성 때문이다.
③ 뇌는 신경세포의 정보 저장 능력을 지키기 위해 재생 능력을 진화시켜 왔다.
④ 간과 뇌 등 사람의 내장 기관은 정도의 차이는 있으나 모두 재생 능력을 갖고 있다.
⑤ 뇌 세포가 재생되지 않도록 진화된 것은 기존의 신경, 전달 회로를 지키기 위해서이다.

**16** 다음 글의 (가)에 들어갈 말로 가장 적절한 것은?

간병서비스는 요양병원이나 복지시설 등 여러 보건의료기관에서 제공되고 있는 보험급여이다. 산재환자 역시 간병서비스 급여의 대상자이며 현재 산재환자들에게 제공되는 여러 급여서비스 중 매우 큰 부분을 차지하고 있다. 따라서 산재환자에게 제공되는 간병급여서비스의 질과 양, 비용은 산재보험에서 매우 중요한 이슈라 할 수 있다. 특히 현재 운영되는 산재환자에 대한 간병급여의 제공형태는 여러 문제점을 내재하고 있기에 이에 대한 개선의 요구도 점점 커지고 있는 상황이다.

산재보험 간병급여 제도개선의 배경은 세 가지로 볼 수 있다. 첫째, 산재환자의 간병인 수요 증가다. 우리나라의 전통적 가족구조에서는 환자 발생 시 간병은 가족 내에서 자연스럽게 해결이 가능했었다. 그러나 핵가족화 등 가족구조의 변화와 여성의 사회진출 증가로 인한 맞벌이가족 증가 등 기존생활방식의 변화는 가족 내에서 간병서비스를 행해줄 사람을 구하기 어렵게 되었다. 더불어 '구태여 꼭 가족이 간병을 해야 하나?'와 같은 의식구조 및 가치관 등의 변화는 과거 가족 내에서 수급이 가능했던 간병인을 외부에서 고용해야 하는 상황을 야기했으며 고용하는 형태의 간병인 요구는 급속한 간병인 수요의 증가를 가져오게 되었다.

둘째, 간병인 사적고용에 따른 다양한 문제는 간병서비스 질 저하뿐 아니라 전반적인 치료과정에서도 문제를 야기하고 있다. 요양기관의 간병인에 대한 관리적 한계는 현장에서 근무하는 간호사들이 강하게 제기하는 간병인 문제의 주요사항이다. 고용주체가 요양기관이 아닌 환자 또는 환자보호자인 사적고용 형태가 됨에 따른 간병인 통제의 어려움은 진료의 질 저하라는 문제를 발생시키는 부분이다. 간병인의 고용이 사적고용형태이기에 치료과정에서 해가 될 수 있는 환자의 요구를 간병인이 때때로 의료진의 눈을 피해 들어주는 등의 문제가 발생하고 있으며 특히 환자를 간병하는 과정에서 전문적인 간병이나 간호지식이 필요한 상황에서 적절한 교육을 받지 못한 간병인들에 의해 사고나 위험의 발생가능성이 높아지고 이에 대한 적절한 대처 또한 어려워질 수 있는 것이 현실이다. ( 가 )

또한 상주간병인이 병실 내 상주하면서 다인실 병실의 경우 공간상의 문제나 감염의 위험성 등이 높아질 수 있다. 특히 안정된 상황이 요구되는 환자의 경우 좁은 공간에서 여러 사람이 많이 몰려있는 것은 의료서비스 질 관리 측면에서도 제기될 수 있는 문제이다. 간병서비스의 평가가 현재는 매우 어렵다는 것도 문제이다. 한국인, 중국동포 등 다양한 인력이 간병인으로 활동하고 있으며 교육수준, 연령, 간병에 대한 이해수준 등 여러 부분에서 차이가 있다 보니 '모 아니면 도'라는 환자들의 간병인에 대한 시각도 있다. 즉 운이 좋으면 좋은 간병인을, 아니면 만족스럽지 못한 간병인을 배정받을 수 있다는 것이 환자들의 시각이다. 특히 간병근로자의 사적고용형태에 의해 이들에 대한 노동환경 및 작업특성은 제대로 파악되지 않고 있다. 간병인의 상태에 따라 이질성이 높아질 수 있는 간병서비스는 열악한 작업환경 내에서 이루어질 경우 서비스의 질적인 저하가 가중되리라는 것은 당연한 상황이나 간병인 관리가 사적고용형태에 의존함으로써 누구에게도 관심받지 못하고 있는 것이 현실이며 이에 따른 간병서비스 자체의 질 저하에 직접적인 영향을 미칠 수 있음을 간과하지 않도록 해야 한다.

셋째, 급여비용관리의 문제발생이다. 간병급여규모의 급속한 증가(수급자수, 지급건수, 지급액)는 관련 재정의 압박을 가져오고 있으며 현물급여의 현금급여화에 의한 비용누수 역시 논란이 되고 있다. 특히 현금급여화로 변질되면서 추가 급여대상자에게 생활보조금 등으로 인식되는 등 비용누수 및 관리상의 문제 또한 나타나고 있다. 더구나 현행제도에서의 간병료가 이중체계에 의한 구분지급에 따른 기준차별(전문간병, 가족간병의 지급액, 지급기준 차별)이 있음에 따라 유사 서비스에 의해 지급되는 금액 차이가 급여대상자에게는 불만을, 관련 전문가들에게는 우려를 발생시키고 있다.

간병급여 요구에 대한 타당성평가의 전문성 부족에 따른 부분도 재정적 부담을 가중시키고 있는 것이 현실이다. 또한 간병급여 요구에 대해 '정말 필요한 것인가'를 평가할 수 있는 전문적인 평가시스템이 부족하다 보니 역시 비용누수 및 급여제공의 적정성 및 타당성에 대해 문제가 발생할 수 있으며 이는 결과적으로 급여비용의 누수 등 관리상의 문제로 진행되고 있다.

① 적절한 수준의 간병서비스가 이루어지기 위해서는 간병서비스의 표준화가 이행되어야 하며 이에 대한 선조건은 간병서비스평가체계의 개발일 것이다.
② 불필요한 간병부담해소 및 양질의 일자리창출을 위한 현행 간병급여의 제도개선의 요구는 더욱 증가하고 있다.
③ 증가된 간병인 수요에 의한 간병급여 서비스비용의 급격한 증가는 산재보험의 재정적 문제로 제기되기에 이르고 제도개선의 배경으로 작용하게 되었다.
④ 감염의 경우 움직임이 제한된 환자 대신 외부와의 접촉이 잦은 간병인에 의한 감염은 물론 여러 질병에 노출되어 있는 병원에 상주하는 간병인의 경우 전문적 예방지식의 부족으로 원내 감염의 위험성 또한 고려해야 할 측면이다.
⑤ 이러한 의학지식 부족으로 인한 사고·위험 대처의 어려움은 가족 간병인에 의해 비전문적 간병서비스가 제공되는 경우에서도 비슷하게 나타난다.

**17** **다음은 근로복지공단에서 지원하는 소액생계비 융자에 대한 자료이다. 이때 자료의 내용과 부합하는 것은?**

1. 융자개요
• 근로자의 개인사정 또는 소속·노무 제공 사업장의 경영상 이유로 근로복지공단에 휴업·휴직이 신고된 경우(부득이 신고되어 있지 않은 경우 사업장에서 확인된 휴업·휴직확인서를 제출한 경우)
• 소속·노무 제공 사업장의 사업 구조상 이유(계절사업, 공공근로)로 소득이 감소함에 따라 생활유지에 드는 비용

2. 융자한도
200만 원 범위 내
※ 최소신청금액 50만 원 이상

3. 융자 신청기한
융자신청 사유 발생일로부터 6개월 이내

4. 신청대상
(1) 대상
• 근로자, 특수형태근로종사자
• 1인 자영업자(산재보험임의가입사업주, 융자신청일이 속한 달의 직전 달 말일에 고용된 근로자가 없는 사람에 한함)
(2) 재직요건
• 근로자, 특수형태근로종사자: 신청일 기준 3개월 이상 근로 중인 자
※ 일용근로자는 고용보험 근로내용 확인신고서에 따른 근로일수가 신청일 기준 180일 이내에 45일 이상인 자
• 1인 자영업자: 신청일 기준 중소기업사업주 산재보험 가입기간이 3개월 이상인 자
(3) 소득요건
월평균소득이 252만 원 이하
※ 다만, 일용근로자는 소득요건을 적용하지 않음
(4) 감소요건
융자대상 월 소득·매출이 융자대상 직전 달의 월 소득·매출에 비하여 30% 이상 감소

5. 융자 조건
금리 연 1.5% / 1년 거치 3년 또는 4년 원금균등분할상환 중 선택
※ 거치기간 및 상환기간 변경 불가, 조기상환 가능(조기상환 수수료 없음)

6. 보증방법
우리공단 신용보증지원제도 이용(보증료 연 0.9% 선공제)

7. 증빙서류
• 재직증명서(휴직기간 표시) 등 휴업·휴직 확인 가능 서류 또는 사업구조상 이유(계절사업, 공공근로) 확인 가능 서류
• 별지 제4호 서식 소득 감소 사실 확인서(소액생계비 신청용)
• 소득 감소 월(융자 대상 월) 및 그 직전 월의 소득·매출을 확인할 수 있는 서류(급여명세서, 수수료 지급명세서, 매출내역 등 입증 가능 서류)
• 직전년도 소득증빙자료
※ 위 서류는 신청인 공통 제출서류이며, 근로형태에 따라 추가 서류 필요

8. 신청제한
- 이미 융자한도액(신용보증 한도액)까지 융자를 받은 자
- 규정 제14조에 따라 거짓이나 그 밖의 부정한 방법으로 융자 신청한 경우
- 규정 제20조에 의하여 융자금이 회수 결정된 자(허위·부정한 방법으로 융자금을 지급받은 자)
- 한국신용정보원에 연체정보 등이 등록되어 신용보증이 불가능한 자

9. 접수 및 선발
(1) 신청서 교부 및 접수처
- 방문: 사업장 관할 각 지역본부 및 지사
  ※ 19세 미만 미성년자는 법정대리인이나 후견인(부모 한명도 가능)과 같이 방문접수
- 인터넷: 근로복지넷 > 서비스 신청 > 일반근로자 융자 신청

(2) 융자대상자 선정
- 1차 수시(즉시)선발: 담당자 확인 및 예비선정
  ※ 수시(즉시) 선발 방식을 유지하되, 융자재원 부족이 예상될 경우 월별 배분운영 등 융자운영방식 변동 가능
- 2차 적격심사: 예비선정자에 한해 7일 이내 구비서류 제출 및 최종결정

① 융자를 신청 시 소득 감소 사실 확인서 및 직전년도 소득증빙자료는 1인 자영업자에게만 제출이 요구된다.
② 소속되었던 사업장의 사업구조상 이유로 급여가 감소한 경우 융자를 받을 수 있으나, 개인 사정으로 휴직하여 소득이 감소한 경우에는 융자를 받을 수 없다.
③ 신용보증 한도액까지 융자를 받거나 부정한 방법으로 융자금을 지급받아 융자금이 회수 결정된 경우에는 융자 신청이 제한된다.
④ 근로자가 없는 1인 자영업자로, 융자신청일 기준 중소기업사업주 산재보험 가입기간이 1개월이 지난 경우에는 소액생계비 융자를 신청할 수 있다.
⑤ 융자대상자는 1차 선발로 예비선정자가 선정되면 2차 적격심사를 거쳐 최종적으로 결정되며, 이때 구비서류를 제출해야 한다.

**18** 산재보험 진료비 본인부담금 확인제도에 관한 자료이다. 이때 자료의 내용과 부합하지 않는 것은?

**산재보험 진료비 본인부담금 확인제도**

산재노동자가 부담한 진료비용이 산재보험 요양급여에 해당하는지 여부를 확인하여 의료기관 또는 공단으로부터 되돌려 받을 수 있다.

1. 사업개요
   - 시행일: 2021. 6. 9.부터 시행
   - 대상자: 산업재해보상보험법 제40조 제1항에 의해 요양급여를 받은 사람

2. 주요내용
   - 일부 의료기관에서 산재보험 요양급여에 해당함에도 불구하고 산재노동자에게 진료비용을 부담시키는 사례가 있었으나, 본인부담 진료비가 산재보험 요양급여에 해당되는지 여부를 확인하는 장치가 마련되어 있지 않았음
   - 산재보험 진료비 본인부담금 확인제도를 통해 연간 약 32,000명의 산재노동자가 약 160,000건의 혜택을 보게 될 것으로 전망됨
   - 진료비 본인부담금 확인 요청을 하게 되면 공단이 확인심사를 거쳐 과다본인부담금이 있을 경우 의료기관에서 30일 이내에 산재근로자에게 직접 환불하도록 통지한다. 환불결정 통지를 받은 의료기관이 기한 내 환불하지 아니할 경우 공단은 의료기관에 지급할 진료비에서 과다본인부담금을 공제하고 산재근로자에게 지급한다.

3. 처리절차
   (1) 신청서 접수 및 배정: 진료비영수증 첨부, 담당자 배정
   (2) 자료보완, 확인: 제출자료 업로드 및 확인
   (3) 매칭심사: 전산 심사 등에서 오류정보 추출
   (4) 정밀심사: 심사기준 일치여부에 대한 개별 정밀심사
   (5) 의학자문 의뢰
   (6) 결과등록 및 통지: 의료기관 및 산재근로자에게 심사결과 통보
   (7) 심사 및 재심사 청구
   (8) 환불 및 공제 처리

4. 산재보험 요양급여 지급 현황 및 산재보험 보장률

| 구분 | 2018년 | 2019년 | 2020년 |
|---|---|---|---|
| 산재보험 요양급여 지급 현황 | 10,150억 원 | 10,851억 원 | 13,098억 원 |
| 산재보험 보장률 | 94.5% | 93.7% | 94.2% |

① 산재노동자가 부담한 진료비용이 산재보험 요양급여에 해당하는지 여부는 2021년 6월 9일부터 확인이 가능하다.
② 산재보험 진료비 본인부담금 확인제도를 통해 산재노동자의 경제적 부담이 완화될 것으로 보인다.
③ 산재보험 진료비 본인부담금 확인제도를 통해 환불결정 통지를 받은 의료기관이 기한 내 환불하지 아니할 경우 공단은 의료기관에 과태료를 부과할 수 있다.
④ 진료비 본인부담금 확인 요청 시 공단은 2번의 심사를 거쳐 이를 처리한다.
⑤ 공단은 산재노동자에게 2018년 이후 매년 1조 원 이상의 산재보험 요양급여를 지급하고 있다.

**19** **다음은 사업장 내 화재사고 발생 시 행동요령을 정리한 것이다. 이에 대한 이해로 바르지 않은 것은?**

1. 화재사고란?
사업장 내 위험물이 혼합된 공기가 점화원과 접촉하여 화재 발생 및 확산
• 위험물: 인화성 가스, 인화성 액체의 증기, 인화성 고체
• 점화원: 용접불티, 용단불티, 전기합선, 연마·절단작업에 따른 마찰열 및 스파크 등

2. 주요 기인물질별 사고 발생형태는?
(1) 인화성 물질 및 우레탄 등 단열재
• 인화성 가스 및 인화성 액체의 증기 등이 체류할 수 있는 용기·배관 또는 밀폐공간 인근에서 용접·용단작업 중 불티가 유증기 등에 착화
• 샌드위치 패널, 우레탄 등 단열재에 용접·용단 불꽃이 튀어 축열·발화
• 발포우레탄 뿜칠작업장소 인근에서 용접·용단작업 중 착화
(2) 기타 발화재
• 용접·용단 불꽃이 비산하여 가연물(자재, 유류가 묻은 작업복 등)에 착화
• 밀폐공간 환기용으로 공기 대신 산소를 사용하여 발화

3. 사고가 발생하면 어떻게 대피하나요?
(1) 불을 발견하면 "불이야!"하고 큰소리로 외치거나 호각을 부는 등 주변에 알리고 화재경보 비상벨을 눌러 사업장에 사고를 전파합니다.
(2) 엘리베이터를 이용하지 말고 계단을 이용하여 낮은 자세로 대피합니다.
(3) 불길 속을 통과할 때에는 물을 적신 담요나 수건 등으로 몸과 얼굴을 감쌉니다.
(4) 사업장 인근 취약시설(요양원, 병원, 학교, 유치원 등)에 대하여 비상연락망 가동 및 대피를 위해 지자체 등과 협의합니다.

4. 사고 신고는 어떻게 해야 하나요?
(1) 사고 발생 시에는 신속히 소방서(119), 경찰서(112), 고용노동(지)청, 관할 지자체 등에 신고합니다.
(2) 언제, 어디서, 어떤 이유로 인해 사고가 발생하였는지, 피해상황 등 입수 가능한 상세 정보를 신고합니다.

5. 화재 발생 시 비상조치는 무엇인가요?
(1) 소화기 등을 이용하여 초기 소화에 힘씁니다. 다만, 초기 소화가 힘든 경우 즉시 대피합니다.
(2) 침착하게 불이 난 건물의 위치, 화재상태, 갇힌 사람의 유무 등을 119로 신고하여야 합니다.

6. 사고수습 및 사후처리는 어떻게 해야 하나요?
(1) 현장에 출동한 소방관, 경찰관 등 초동조치 요원의 통제에 적극 협조하고 고용노동청(지청), 안전보건공단의 사고수습 활동에 적극 협력하여야 합니다.
(2) 현장에서 사고수습 활동(진행·동참)을 하는 인원은 호흡용보호구 등 적정 보호 장비를 착용하여야 합니다.
(3) 사업장 및 인근지역 피해현황 등을 파악하여 노동자 및 지역주민의 건강이상 유무를 확인합니다.

① 인화성 가스나 고체가 점화원과 접촉했을 때 화재가 발생할 수 있다.
② 사고 발생 시 큰소리로 화재가 났음을 주변에 알리며 대피해야 하고, 엘리베이터는 이용하지 말아야 한다.
③ 불길 속을 통과할 때는 온 몸에 물을 묻힌 후 최대한 빠르게 지나가도록 한다.
④ 사고를 신고할 때는 사고 위치와 발생 경위 등 최대한 자세한 정보를 신고해야 한다.
⑤ 초기 소화가 어렵다고 판단한 경우에는 최대한 빨리 대피해야 한다.

**20** 다음 글의 주제로 가장 적절한 것은?

> 왜 선진국의 기업들은 유전자 특허를 위해 속도전을 펼치는 것일까? 답은 뻔하다. 특허를 내면 막대한 돈을 벌 수 있기 때문이다. 유전자의 기능을 밝혀 특허를 획득하면 유전자 재조합 기술 등으로 원하는 단백질의 대량 생산이 가능해지고 또 특정 질환의 진단과 치료에도 활용할 수 있다. 그래서 어떤 사람은 의학적으로 중요한 유전자를 발굴해 세계의 주요 국가에서 물질 특허를 받는 것은 그 나라에 진출할 수 있도록 토지나 건물을 확보하는 것보다 더 중요한 교두보를 확보하는 일이라고 말하며 유전자 특허의 중요성을 역설한다. 우리처럼 수출로 먹고살 수밖에 없는 처지에서는 솔깃한 이야기가 아닐 수 없다. 그렇다면 결론은 "빨리 연구해서 유전자 특허를 하나라도 더 따자!"가 되는가? 이것은 간단하지 않은 문제이다.
> 대체로 자신이 새롭게 개발한 것에 대해 특허권을 주장하는 행위는 널리 받아들여진다. 그렇다면 유전자에 대해 특허를 부여한다는 것은 유전자가 인간의 '발명품'이라는 말인가? 현재의 특허법을 보면, 생명체나 생명체의 일부분이라도 그것이 인위적으로 분리·확인된 것이라면 발명으로 간주하고 있다. 따라서 유전자도 자연으로부터 분리·정제되어 이용 가능한 상태가 된다면 화학물질이나 미생물과 마찬가지로 특허의 대상으로 인정된다.
> 그러나 유전자 특허 반대론자들은 자연 상태의 생명체나 그 일부분이 특허에 의해 독점될 수 있다는 발상 자체가 터무니없다고 지적한다. 수만 년 동안의 인류 진화 역사를 통해 형성되어 온 유전자를 실험실에서 분리하고 그 기능을 확인했다는 이유만으로 독점적 소유권을 인정하는 일은, 마치 한 마을에서 수십 년 동안 함께 사용해 온 우물물의 독특한 성분을 확인했다는 이유로 특정한 개인에게 우물의 독점권을 준다는 논리만큼 부당하다는 것이다.
> 이러한 주장은 그럴듯한 반론처럼 들리기는 하지만 유전자의 특허권을 포기하게 할 만큼 결정적이지는 못하다. 사실 우물의 비유는 적절하지 않다. 왜냐하면 어떤 사람이 우물물의 특성을 확인했다고 해서 그 사람만 우물물을 마시게 한다면 부당한 처사겠지만, 우물물의 특정한 효능을 확인해서 다른 용도로 가공한다면 그런 수고의 대가는 정당하기 때문이다. 유전자 특허권의 경우는 바로 후자에 해당된다. 또한 특허권의 효력은 무한히 지속되지 않고 출원일로부터 20년을 넘지 못하게 되어 있어 영구적인 독점이 아니다.

① 유전자 특허의 사회적·경제적 의미에 대해 상반된 견해들이 대립하고 있다.
② 유전자 특허를 허용하더라도 영구적 독점의 방식이어서는 안 된다.
③ 유전자는 특정한 기법에 의해 분리되고 그 기능이 확인된 경우 특허의 대상이 될 수 있다.
④ 유전자 특허는 유전자 재조합 기술이나 특정 단백질의 생산과 관련된 경우에 한해 허용하는 것이 옳다.
⑤ 유전자 특허 경쟁은 막대한 경제적 이득과 맞물려 있기 때문에, 이에 대한 논쟁은 무의미하다.

**21** 다음은 2016~2020년 A국 초, 중, 고등학교 학생의 사교육에 관한 자료이다. 이에 대한 설명으로 옳은 것을 〈보기〉에서 모두 고르면?

**2016~2020년 연간 사교육비 및 전체 학생 수**

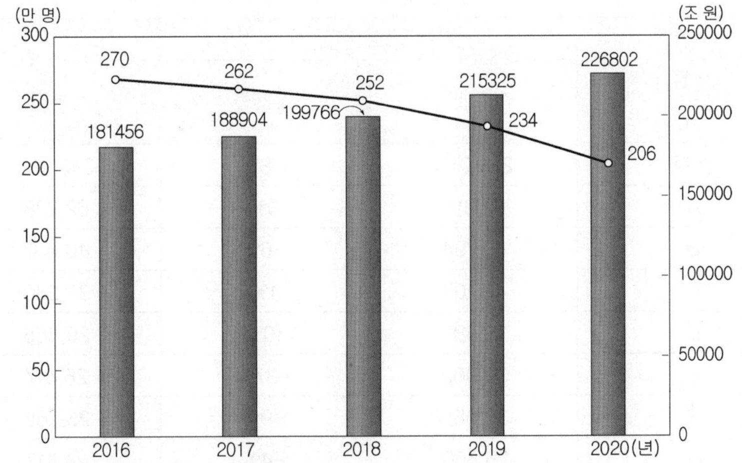


**2016~2020년 학교급별 연간 사교육비**

(단위: 억 원)

| 구분 | 2016년 | 2017년 | 2018년 | 2019년 | 2020년 |
|---|---|---|---|---|---|
| 초등학교 | 82,346 | 85,433 | 87,445 | 89,046 | 96,077 |
| 중학교 | 68,563 | 69,412 | 70,051 | 70,451 | 71,230 |
| 고등학교 | 30,547 | 34,059 | 42,270 | 55,828 | 59,495 |
| 전체 | 181,456 | 188,904 | 199,766 | 215,325 | 226,802 |

**2016~2020년 학교급별 사교육 참여율**

(단위: %)

| 구분 | 2016년 | 2017년 | 2018년 | 2019년 | 2020년 |
|---|---|---|---|---|---|
| 초등학교 | 81.7 | 83.4 | 84.5 | 89.2 | 90 |
| 중학교 | 74.3 | 69.5 | 74 | 70.3 | 73.8 |
| 고등학교 | 48.9 | 49.4 | 52.5 | 49.1 | 50.2 |

※ 사교육 참여율(%) $= \frac{\text{(학교급별) 사교육 참여 학생수}}{\text{(학교급별) 전체 학생수}} \times 100$

보기

㉠ 초등학교의 연간 사교육비의 전년 대비 증가율은 계속 증가하고 있다.
㉡ 2016~2020년 동안 사교육 참여율이 매년 증가한 학교급은 초등학교뿐이다.
㉢ 2016~2020년 연간 사교육비와 전체 학생 수는 반비례 관계를 보인다.
㉣ 고등학교의 사교육 참여율의 전년 대비 증감률은 2020년이 가장 크다.

① ㉠, ㉡
② ㉠, ㉢
③ ㉡, ㉢
④ ㉡, ㉣
⑤ ㉡, ㉢, ㉣

**22** **다음은 근로복지공단 전략기획부가 조사한 2023~2024년 품목별 우리나라 의료기기 수출액과 세계 수입액 현황이다. 이에 대한 설명으로 옳지 않은 것은?**

**2023~2024년 우리나라 의료기기 수출액**

(단위: 백만 불)

| 품목 | 2023년 | | 2024년 | |
|---|---|---|---|---|
| | 금액 | 증감률 | 금액 | 증감률 |
| 총계 | 269,044 | −8% | 242,910 | |
| A | 62,916 | 0% | 62,228 | −1% |
| B | 45,794 | −6% | 40,637 | −11% |
| C | 40,107 | 1% | 34,280 | |
| D | 32,587 | 10% | 29,665 | −9% |
| E | 32,002 | −37% | 26,417 | −17% |
| F | 30,088 | −9% | 25,266 | −16% |
| G | 25,550 | −4% | 24,417 | −4% |

**2023~2024년 세계 의료기기 수입액**

(단위: 백만 불)

| 품목 | 2023년 세계 수입액 | 2024년 세계 수입액 |
|---|---|---|
| 총계 | 2,442,902 | 2,493,509 |
| A | 325,464 | 456,344 |
| B | 527,450 | 529,047 |
| C | 330,545 | 322,899 |
| D | 453,400 | 478,955 |
| E | 583,443 | 478,013 |
| F | 190,270 | 192,920 |
| G | 32,330 | 35,331 |

① 2024년 우리나라의 C의료기기 수출액은 3,428,000만 불로 전년 대비 약 15% 감소하였다.
② 2023년 우리나라에서 가장 많이 수출한 의료기기의 수출액은 같은 해 세계 해당 의료기기 수입액의 19%에 해당한다.
③ 2024년 우리나라에서 수출액이 가장 높은 의료기기 3개의 수출액 합은 1,300억 불 이상이다.
④ 2024년 우리나라의 전체 의료기기 수출액은 전년 대비 약 10% 감소하였다.
⑤ 전년 대비 2024년 세계 의료기기 수입액의 증가율이 두 번째로 큰 의료기기는 D이다.

**[23~24] 다음은 Y고등학교 학생 A~I의 주요과목 점수에 관한 자료이다. 이를 보고 이어지는 물음에 답하시오.**

**학생 A~I의 주요과목 점수**

(단위: 점)

| 학생 \ 주요과목 | 국어 | 영어 | 수학 | 평균 |
|---|---|---|---|---|
| A | ( ㉠ ) | 85.0 | 77.0 | 74.3 |
| B | ( ㉡ ) | 90.0 | 92.0 | 90.0 |
| C | 71.0 | 71.0 | ( ㉦ ) | 71.0 |
| D | 28.0 | ( ㉣ ) | 65.0 | 50.0 |
| E | 39.0 | 63.0 | 82.0 | 61.3 |
| F | ( ㉢ ) | 73.0 | 74.0 | ( ㉨ ) |
| G | 35.0 | ( ㉤ ) | 50.0 | 45.0 |
| H | 40.0 | ( ㉥ ) | 70.0 | 53.3 |
| I | 65.0 | 61.0 | ( ㉧ ) | 70.3 |
| 평균 | 52.4 | 66.7 | 74.0 | ( ㉩ ) |
| 중앙값 | 45.0 | 63.0 | 74.0 | 64.0 |

※ 중앙값은 학생 A~I의 성적을 크기순으로 나열했을 때 한가운데 위치한 값임

## 23

**위 자료의 빈칸 ㉠~㉩에 들어갈 값의 합으로 옳은 것은?**

① 625.9
② 635.1
③ 645.4
④ 655.9
⑤ 665.1

## 24

**위 자료에 대한 <보기>의 설명 중 옳은 것을 모두 고르면?**

보기

㉠ 각 주요과목에서 평균 이하의 점수를 받은 학생은 각각 5명 이상이다.
㉡ 주요과목별로 점수 상위 2명에게 1등급을 부여할 때, 1등급을 받은 주요과목 수가 1개 이상인 학생은 4명이다.
㉢ 학생 D의 영어 과목과 수학 과목의 점수가 서로 바뀐다면, 영어 과목 평균은 높아진다.
㉣ 최고점수와 최저점수의 차이가 가장 작은 주요과목은 수학이다.

① ㉠, ㉡
② ㉡, ㉢
③ ㉡, ㉣
④ ㉠, ㉡, ㉢
⑤ ㉠, ㉢, ㉣

**25** 다음은 2020~2024년 A국 5개 스포츠 종목의 연간 경기장 수용 규모 및 관중수용률에 대한 자료이다. 이에 대한 설명으로 옳지 않은 것은?

**스포츠 종목의 연간 경기장 수용 규모 및 관중수용률**

(단위: 천 명, %)

| 구분 | | 2020년 | 2021년 | 2022년 | 2023년 | 2024년 |
|---|---|---|---|---|---|---|
| 야구 | 수용 규모 | 20,429 | 20,429 | 20,429 | 19,675 | 19,450 |
| | 관중수용률 | 41.7 | 53.3 | 56.6 | 58.0 | 65.7 |
| 축구 | 수용 규모 | 40,574 | 40,574 | 37,865 | 36,952 | 33,314 |
| | 관중수용률 | 26.7 | 28.7 | 29.0 | 29.4 | 34.9 |
| 테니스 | 수용 규모 | 6,347 | 6,354 | 6,354 | 6,354 | 6,653 |
| | 관중수용률 | 62.8 | 66.2 | 65.2 | 60.9 | 59.5 |
| 농구 | 수용 규모 | 2,756 | 2,756 | 2,756 | 2,066 | 2,732 |
| | 관중수용률 | 23.5 | 48.2 | 43.8 | 34.1 | 52.9 |
| 골프 | 수용 규모 | 5,129 | 5,089 | 4,843 | 4,409 | 4,598 |
| | 관중수용률 | 27.3 | 24.6 | 30.4 | 33.4 | 38.6 |

※ 관중 수용률(%) $= \frac{\text{연간 관중 수}}{\text{연간 경기장 수용 규모}} \times 100$

① 2020년부터 2022년까지 야구 연간 관중 수는 증가하고 있다.
② 2024년 축구 연간 관중 수는 야구 연간 관중 수보다 많다.
③ 테니스의 관중수용률은 매년 골프보다 많다.
④ 관중수용률이 매년 증가하는 스포츠 종목은 야구와 축구 종목이다.
⑤ 골프 경기장의 수용 규모는 매년 다르다.

**26** 다음은 2024년 6월~11월 면 종류에 따른 라면 생산량 및 가격, 6월과 11월의 라면 제조업체 수 및 품목별 허가제품 수에 관한 자료이다. 이에 대한 〈보기〉의 설명 중 옳은 것을 모두 고르면?

**라면 생산량**

(단위: 만 개)

| 시기 \ 종류 | 유탕면 | 호화건면 | 숙면 |
|---|---|---|---|
| 6월 | 10,653 | 1,369 | 351 |
| 7월 | 9,369 | 8,181 | 519 |
| 8월 | 15,169 | 10,229 | 1,970 |
| 9월 | 19,490 | 5,274 | 1,590 |
| 10월 | 13,279 | 3,079 | 1,023 |
| 11월 | 10,566 | 2,530 | 950 |

※ 면의 종류는 유탕면, 호화건면, 숙면으로만 분류됨

**라면 가격**

(단위: 원/개)

| 시기 \ 구분 | 유탕면 | | 호화건면 | |
|---|---|---|---|---|
| | 오프라인 | 온라인 | 오프라인 | 온라인 |
| 6월 | 1,685 | 2,170 | 1,085 | 1,037 |
| 7월 | 1,758 | 1,540 | 725 | 856 |
| 8월 | 1,645 | 1,306 | 712 | 675 |
| 9월 | 1,561 | 1,027 | 714 | 608 |
| 10월 | 1,476 | 871 | 696 | 572 |
| 11월 | 1,454 | 798 | 686 | 546 |

**라면 제조업체 수 및 면 종류별 허가제품 수**

(단위: 개)

| 구분 \ 시기 | | 6월 | 11월 |
|---|---|---|---|
| 라면 제조업체 | | 238 | 839 |
| 허가제품 | 유탕면 | 1,525 | 2,098 |
| | 호화건면 | 120 | 851 |
| | 숙면 | 72 | 300 |

보기

㉠ 전월 대비 유탕면을 사용한 라면의 온라인 가격 감소율이 가장 큰 달과 전월 대비 호화건면을 사용한 라면의 온라인 가격 감소율이 가장 큰 달은 같다.
㉡ 제조업체당 평균 라면 생산량은 11월이 6월의 40% 이상이다.
㉢ 월별 라면 총생산량은 8월 이후 매월 감소한다.
㉣ 6월에는 생산량이 많은 면 종류일수록 허가제품 수도 많다.

① ㉠, ㉡　　② ㉠, ㉢
③ ㉡, ㉣　　④ ㉢, ㉣
⑤ ㉡, ㉢, ㉣

**27** 다음은 2019년 노인학대 현황 보고서의 일부이다. 제시된 내용과 부합하지 않는 자료는?

> 2019년 노인학대 현황조사 결과 주요 특징은 다음과 같다.
> 노인학대로 신고되는 전체 신고건수 중 학대로 신고되었지만 학대가 아닌 것으로 판정되는 사례는 일반사례라 하고 학대로 판정되는 사례는 학대사례라 한다. 노인학대사례 건수는 2015년 3,068건부터 2016년 3,441건, 2017년 3,424건, 2019년 3,532건(전년 대비 12건 증가)으로 큰 변화가 없으며, 2019년 전체 신고건수(10,569건) 중 노인학대사례 판정비율(33.4%)은 감소 추세이다. 노인학대사례 건수는 소폭 증가하나 전체 신고건수가 대폭 증가함으로써 노인학대사례 판정비율이 감소하게 되는 것인데, 일반인들의 노인학대에 대한 관심의 증가와, 지역노인보호전문기관 확충 및 사례발굴 등이 그 이유가 된 것으로 보인다.
> 생활시설 내 학대사례 건수는 2015년 127건 이후 꾸준히 증가하다가 2018년 251건, 2019년 246건으로 소폭 감소하였다. 이는 2018년 이후 시설 내 학대에 대한 사회적 경각심이 높아지고 종사자에 대한 학대 예방교육 실시와 시설 내 인권지킴이 활동을 통한 시설 내 학대 예방에 주력한 데 기인하는 것으로 보인다.
> 60세 이상 고령자가 고령자를 학대하는 '노-노 학대'는 증가 추세이다. 노-노 학대란 60세 이상 고령자가 고령자를 학대하는 것으로 주로 '고령자 부부 간 배우자학대', '고령자가 스스로 자신을 돌보지 않는 자기방임', '고령의 자녀에 의한 부모학대'로 나타난다. 신고 접수된 노-노 학대행위 건수는 2015년 944건부터 2019년 1,562건에 이르기까지 매년 증가하였다. 또한 전체 학대행위자 중 고령자 학대 행위자 비중은 2015년 27.2%에서 2014년 40.3%로 지속적으로 증가하고 있다.
> 고령의 학대행위자의 유형을 보면, 고령 배우자에 의한 학대(571건, 36.6%)가 가장 많고, 고령자 본인에 의한 자기방임(463건, 29.6%)과 고령자 아들(186건, 11.9%)에 의한 학대 순으로 주로 가족 내에서 발생하고 있음을 알 수 있다.

① 2015~2019년 노인학대사례 건수

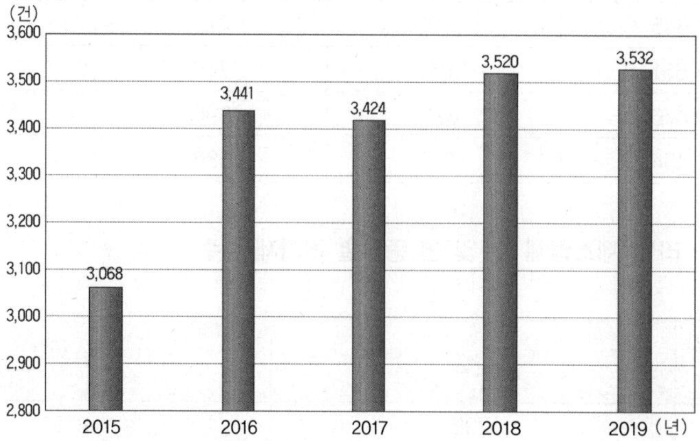


② 2015~2019년 노인학대사례 비율

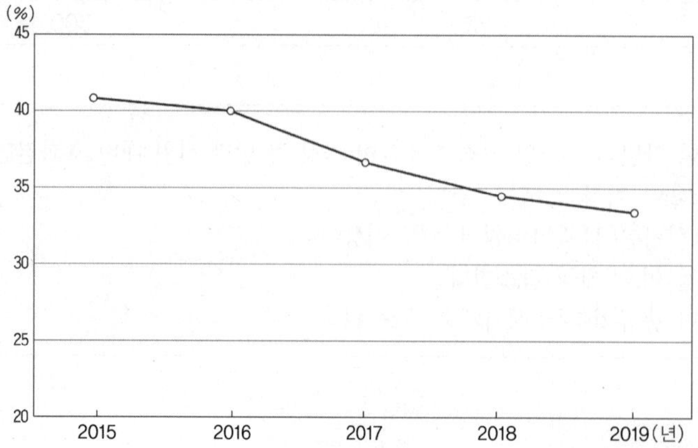

③ 2015~2019년 생활시설 내 학대사례 건수

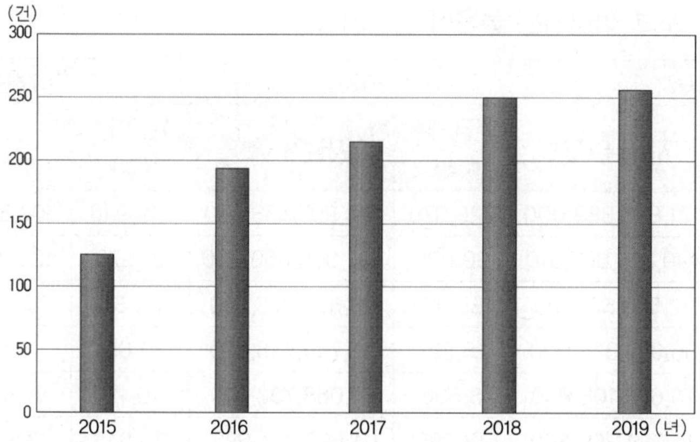


④ 2015~2019년 전체 학대행위자 중 고령자 학대행위자 비중

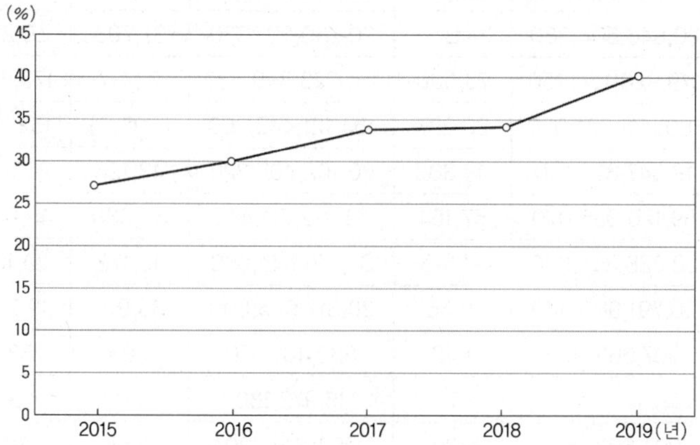


⑤ 2019년 노-노 학대의 학대행위자 유형별 학대행위 건수

| 학대행위자 유형 | 고령자 본인 | 고령 배우자 | 고령자 아들 | 기타 | 계 |
|---|---|---|---|---|---|
| 건수 | 463 | 571 | 186 | 342 | 1,562 |

**[28～29] 다음은 근로복지공단에서 조사한 의료기관별 산재 진료비 지급현황을 나타낸 표와 산재환자 의료비 지원 프로젝트에 관한 자료이다. 이를 보고 이어지는 물음에 답하시오.**

| 의료 기관별 (1) | 의료 기관별 (2) | 진료 형태별 | 2022년 | | 2023년 | | 2024년 | |
|---|---|---|---|---|---|---|---|---|
| | | | 수급자수 (명) | 지급액 (원) | 수급자수 (명) | 지급액 (원) | 수급자수 (명) | 지급액 (원) |
| 합계 | 소계 | 계 | 228,005 | 521,836,389,000 | 220,079 | 514,907,438,860 | 219,943 | 507,595,827,370 |
| | | 입원 | 86,962 | 449,276,867,810 | 80,095 | 441,306,660,080 | 81,570 | 433,929,253,150 |
| | | 통원 | 141,043 | 72,559,521,190 | 139,984 | 73,600,778,780 | 138,373 | 73,666,574,220 |
| 양방 | 종합전문 의료기관 | 계 | 27,536 | 86,027,378,000 | 26,594 | 92,759,546,920 | 30,657 | ( D ) |
| | | 입원 | 9,356 | 75,643,108,640 | 8,506 | 81,068,792,300 | 10,111 | 87,500,113,610 |
| | | 통원 | 18,180 | 10,384,269,360 | 18,088 | 11,690,754,620 | 20,546 | 12,359,002,150 |
| | 종합병원 | 계 | 60,436 | 194,301,599,390 | 61,197 | 193,090,235,670 | 64,734 | 183,305,154,450 |
| | | 입원 | 25,160 | 173,655,095,010 | 24,381 | 172,830,144,340 | 27,031 | 164,093,683,840 |
| | | 통원 | ( A ) | 20,646,504,380 | ( B ) | 20,260,091,330 | 37,703 | 19,211,470,610 |
| | 병원 | 계 | 76,712 | 179,920,124,950 | 73,600 | 174,223,848,680 | 72,117 | 173,277,676,040 |
| | | 입원 | 32,026 | 160,372,301,820 | 29,297 | 154,121,443,360 | ( C ) | 152,358,415,510 |
| | | 통원 | 44,686 | 19,547,823,130 | 44,303 | 20,102,405,320 | 43,126 | 20,919,260,530 |
| | 의원 | 계 | 61,978 | 59,120,335,070 | 57,164 | 52,472,711,440 | 50,988 | 49,040,385,370 |
| | | 입원 | 20,175 | 38,328,354,630 | 17,613 | 32,155,645,840 | 15,172 | 29,137,287,060 |
| | | 통원 | 41,803 | 20,791,980,440 | 39,551 | 20,317,065,600 | 35,816 | 19,903,098,310 |
| | 치과병원 의원 | 계 | 641 | 907,683,950 | 646 | 839,401,520 | 587 | 830,187,080 |
| | | 입원 | – | – | 7 | 16,972,130 | 20 | 26,815,470 |
| | | 통원 | 641 | 907,683,950 | 639 | 822,429,390 | 567 | 803,371,610 |
| 한방 | 소계 | 계 | 702 | 1,559,267,640 | 878 | 1,521,694,630 | 860 | 1,283,308,670 |
| | | 입원 | 245 | 1,278,007,710 | 291 | 1,113,662,110 | 245 | 812,937,660 |
| | | 통원 | 457 | 281,259,930 | 587 | 408,032,520 | 615 | 470,371,010 |

**산재환자 의료비 지원 프로젝트**

○○시는 산재로 겪는 과도한 의료비 부담으로 인한 가계파탄 방지 및 소득 격차 해소를 위하여 저소득층 중증질환 가구를 대상으로 의료비 지원을 확대하고자 한다. 4대 중증질환인 암, 심장질환, 뇌혈관질환, 희귀난치성질환 및 중증화상 등 질환기준과 차상위계층, 기준중위소득 80% 이하 저소득 가정 등의 소득기준 만족 시 누구나 지원 가능하다. 지원내용은 입원, 외래진료 포함 180일까지, 본인부담 규모에 따라 50% 이상 지원한다.

## 28 위 자료에 대한 설명으로 옳지 않은 것은?

① 종합병원에서 통원치료한 수급자의 수는 증가하고 있다.
② 2022년에는 치과병원에 입원한 수급자가 없었다고 볼 수 있다.
③ 2024년 병원의 입원 수급자 수는 2024년 전체 입원 수급자 수의 30% 이상이다.
④ 한방 의료기관의 지급액 중 통원치료 지급액의 비율은 점점 증가하고 있다.
⑤ 종합전문의료기관의 2024년 지급액은 전년 대비 감소하였다.

**29** **위 자료에 대한 설명으로 옳은 것을 〈보기〉에서 모두 고르면?**

보기

㉠ 산재로 인한 과도한 의료비 부담은 의료비 지원 프로젝트를 추진하는 이유 중 하나이다.
㉡ 의료비 지원 프로젝트는 소득 격차 해소에 도움이 될 수 있다.
㉢ 4대 중증질환에는 중증화상이 포함된다.

① ㉠
② ㉡
③ ㉠, ㉡
④ ㉠, ㉢
⑤ ㉠, ㉡, ㉢

**30** A회사에 근무하고 있는 이 대리는 연령별 생명보험 가입률과 이에 관한 자료를 분석하여 보고하려 한다. 이 대리가 정리한 자료와 이에 관한 보고서 개요를 보고, 추가나 정정이 필요한 내용으로 적절한 것을 고르면?

가구주 연령별 민영생명보험 가입률

| 구분 | 2012년 | 2015년 | 2018년 | 2021년 | 2024년 |
|---|---|---|---|---|---|
| 20대(%) | 85.2 | 70.8 | 72.9 | 59.5 | 57.9 |
| 30대(%) | 90.4 | 88.8 | 87.4 | 88.8 | 87.2 |
| 40대(%) | 90.1 | 90.2 | 90.0 | 92.1 | 94.5 |
| 50대(%) | 80.6 | 86.6 | 81.3 | 89.4 | 87.6 |
| 60세 이상(%) | 52.1 | 63.8 | 66.8 | 46.9 | 61.5 |

가구당 민영생명보험 가입건수 및 납입보험료

| 구분 | 2012년 | 2015년 | 2018년 | 2021년 | 2024년 |
|---|---|---|---|---|---|
| 평균 가입건수(건) | 3.8 | 4.4 | 4.4 | 4.3 | 3.7 |
| 평균 연간 납입보험료(만 원) | 392 | 441 | 498 | 490 | 437 |
| 평균 가구원수(명) | 3.1 | 2.9 | 2.8 | 2.7 | 2.5 |

**보고서 개요**

생명보험은 질병, 재해, 사망 등 각종 우연한 사고에 대비하여 경제적 손실을 보전할 목적으로 공동의 위험담보를 필요로 하는 사람들이 부담금(보험료)을 납부하고 우연한 사고 발생 시 약정된 금액(보험금)을 지급받는 경제적 준비수단이다. 20대 이상 과반수 국민이 가입하고 있는 대중적이고도 필수적인 보험상품인 만큼 파생상품의 폭도 넓다. 또한 보험금이 지급되는 사고 발생 시까지 장기간 보험을 유지하는 종신보험의 성격이 강하다.
생명보험 가입자가 이전보다 축소되고 가입연령층이 고령화되는 추세는 경제난과 청년실업의 장기화로 인한 것으로, 20대를 겨냥한 상품의 개발이 촉구되고 있다.

① 경제능력이 보장되어 있는 30 ~ 50대를 위한 새로운 상품에 더욱 투자해야 한다는 내용을 추가한다.
② 50대 가구주의 민영생명보험 가입률은 꾸준히 증가하는 추세이다.
③ 2024년도에는 2021년 대비 모든 연령대의 가구주 가입자 비율이 감소하는 추세를 보이고 있다.
④ 2021년 대비 2024년 가구원수와, 같은 기간 가구당 민영생명보험 평균 가입건수는 모두 감소하였다.
⑤ 국내 민영생명보험은 2012년도 조사 이후 경제난으로 인해 가구당 평균 가입건수가 지속적으로 감소하는 추세이다.

**[31～33] 다음은 근로복지공단이 실시하고 있는 임금채권보장제도 중 간이대지급금에 관한 자료이다. 이를 보고 이어지는 물음에 답하시오.**

**◎ 임금채권보장제도란?**

사업주로부터 임금 등을 지급받지 못한 재직 또는 퇴직한 근로자가, 일정한 기간 내에 미지급임금 등에 대하여 지급을 청구하는 경우에 국가가 일정범위 내에서 사업주를 대신해서 지급("대지급금"이라고 함)해주는 제도

※ 사업장에서 퇴직한 근로자를 대상으로 하는 도산대지급금, 간이(퇴직)대지급금제도와 재직 중인 근로자를 대상으로 하는 간이(재직)대지급금제도가 시행되고 있다.

**◎ 사업주부담금**

1. 부담금 비율

대지급금의 지급에 소요되는 비용을 충당하기 위해 사업주로부터 "보수총액의 1천분의 2의 범위 내"에서 부담금을 징수함(보수총액 × 부담금비율)

| '98년 | '99년 | '00년 | '01～'02년 | '03～'04년 | '05～'09년 | '10년 이후 | '16년 이후 |
|---|---|---|---|---|---|---|---|
| 2/1,000 | 0.3/1,000 | 0.9/1,000 | 0.5/1,000 | 0.3/1,000 | 0.4/1,000 | 0.8/1,000 | 0.6/1,000 |

※ 사업주부담금은 근로복지공단 및 국민건강보험공단이 산재보험료와 통합하여 징수하므로 산재보험료 납부 시 함께 납부함

2. 부담금의 경감

- 근로기준법 또는 근로자퇴직급여보장법에 따라 퇴직금을 미리 정산하여 지급한 사업주
- 근로자 퇴직급여보장법에 따른 퇴직보험등에 가입한 사업주, 퇴직연금제도를 설정한 사업주
- 외국인근로자의 고용등에 관한 법률에 따라 외국인 근로자 출국만기보험·신탁에 가입한 사업주

**◎ 간이대지급금이란?**

1. 지급대상

사업장에서 임금 등을 지급받지 못하고 재직 중이거나 퇴직한 근로자로 지급요건을 충족하여야 함

2. 지급요건

(1) 지급사유

지방고용노동관서에서 체불임금등·사업주 확인서를 발급받거나, 소송을 제기하여 법원으로 확정판결 등을 받은 경우

※ 근로자가 월평균임금 400만 원 미만인 경우 대한법률구조공단의 무료법률구조지원을 통해 소송 가능(문의처: 국번 없이 132)

(2) 사업주요건

- 퇴직자: 산업재해보상보험법 적용대상 사업주로서 해당 근로자의 퇴직일까지 6개월 이상 사업 영위
- 재직자: 산업재해보상보험법 적용대상 사업주로서 소송 또는 진정등을 제기한 날 이전 맨 나중의 임금 등 체불이 발생한 날까지 6개월 이상 사업 영위

(3) 근로자요건

- 퇴직자: 퇴직일의 다음 날부터 2년 이내 판결 등 집행권원을 신청(소송제기, 지급명령신청 등) 또는 1년 이내 진정 등 제기
- 재직자: 맨 나중의 임금 등 체불이 발생한 날의 다음날부터 2년 이내 판결 등 집행권원을 신청(소송제기, 지급명령신청 등) 또는 1년 이내 진정 등 제기 & 맨 나중의 임금등 체불 발생 당시 시간급 통상임금이 최저임금의 110% 미만

※ 퇴직자 및 재직자가 진정 등에 따라 간이대지급금을 지급받기 위해서는 '체불 임금등 사업주 확인서'가 2021년 10월 14일 이후 발급되어야 함

3. 지급금액

최종 3월분 체불 임금 · 휴업수당 · 출산전후 휴가기간 중 급여, 최종 3년분 체불 퇴직금 중 최대 1,000만 원(임금 · 휴업수당 · 출산전후 휴가기간 중 급여와 퇴직금을 구분하여 항목별 상한액을 각 700만 원으로 설정)

| 항목 | 상한액 |
|---|---|
| 총 상한액 | 1,000만 원 |
| 임금(출산전후 휴가기간 중 급여, 휴업수당*) | 700만 원 |
| 퇴직금 | 700만 원 |

* 휴업수당 · 출산전후 휴가기간 중 급여는 임금과 합산하여 상한액 700만 원으로 설정

4. 청구방법

(1) 판결 등 확정일로부터 1년 이내 또는 '체불 임금등 사업주 확인서'가 발급된 날부터 6개월 이내 퇴직(재직자는 확인서 발급) 당시 사업장 소재지 관할 근로복지공단 지역본부 또는 지사로 간이대지급금 지급 청구

※ 2020년 8월 24일부터 온라인 접수 가능 → 고용 · 산재보험 토탈서비스(https://total.comwel.or.kr)

※ 예시: 판결 등 확정일이 2020년 1월 10일인 경우 청구기한은 1년 이내인 2021년 1월 9일임(선고일 또는 결정일이 아닌 확정일 기준임)

(2) 구비서류

간이대지급금 지급청구서, 체불임금등 · 사업주확인서 사본, 판결문 등 집행권원 정본 또는 사본, 확정증명원 정본, 통장사본

5. 처리절차

| 지방고용노동관서 | | 법원 | | 근로복지공단 |
|---|---|---|---|---|
| 체불임금등 · 사업주확인서 신청 및 발급 | ⇨ | 소송제기 및 확정판결문 등 집행권원 확보(진정 등에 따라 지급할 경우생략 가능) | ⇨ | 간이대지급금 지급 청구 및 지급 |

※ 근로복지공단은 특별한 사유(미가입사업장, 가동기간 조사)가 없으면 지급청구서를 받은 날부터 14일 이내(공휴일과 토요일 제외)에 지급요건 확인하여 지급여부를 결정하며, 요건 불충족 시에는 부지급 대상이 될 수 있다.

**31** 위 자료의 내용과 부합하지 않는 것은?

① 사업장에서 퇴직한 근로자는 간이대지급금제도의 대상자가 될 수 있다.

② 임금채권보장제도의 사업주부담금은 보수총액의 0.2%를 넘지 못하며, 1998년에 부담금 비율이 가장 높았다.

③ 임금채권보장제도 사업주부담금 비율은 1998년 최대치를 기록한 이후 그 비율이 계속 낮아지고 있다.

④ 회사 사정으로 인해 임금을 지급하지 못했으나 퇴직연금제도를 설정했던 사업주의 경우에는 임금채권보장제 시행 시 부담금을 경감 받을 수 있다.

⑤ 사업주의 임금채권보장제 부담금은 산재보험료 징수 시 함께 납부한다.

**32** 위 자료로 보아 간이대지급금을 받을 수 없는 경우를 〈보기〉에서 모두 고르면?

보기

㉠ 월평균임금이 350만 원인 근로자 갑이 대한법률구조공단의 무료법률구조지원으로 임금체불에 대한 소송을 제기해 법원으로부터 확정판결을 받은 경우
㉡ 2022년 5월 31일 퇴직한 을이 2023년 6월 2일 체불임금에 대한 진정을 제기한 경우
㉢ 2024년 2월 1일 사업을 시작한 A사업체에 같은 해 2월 5일 입사한 병이 8월 1일 자로 퇴직하고, 사업체가 병의 퇴직 1개월 뒤 사업을 중단한 경우
㉣ 2021년 3월 30일 임금체불을 이유로 퇴직한 정이 2023년 4월 1일 날짜로 체불임금에 대한 소송을 제기한 경우

① ㉠, ㉡
② ㉠, ㉢
③ ㉡, ㉢
④ ㉡, ㉣
⑤ ㉢, ㉣

**33** 간이대지급금 청구에 관한 사항이 위 자료의 내용과 부합하는 것을 〈보기〉에서 모두 고르면?

보기

㉠ 근로자 한 사람이 받을 수 있는 최대 지급금은 체불 임금 700만 원, 체불 퇴직금 700만 원으로 총 1,400만 원이다.
㉡ 간이대급금 지급 청구는 사업장 소재지 관할 근로복지공단 지역본부나 지사에서 직접 청구하는 방법만 가능하다.
㉢ 판결등 확정일이 2023년 8월 31일인 경우 2024년 8월 30일까지 지급을 청구해야 한다.
㉣ 청구 시 지방고용노동관서 및 법원으로부터 발급받아야 하는 서류도 있다.

① ㉠, ㉡, ㉢
② ㉡, ㉢, ㉣
③ ㉠, ㉢
④ ㉡, ㉣
⑤ ㉢, ㉣

**34** 다음은 동물보호법 시행령에 따른 동물등록번호의 부여 및 무선식별장치의 규격 · 장착 방법을 나타낸 자료이다. 이 자료의 내용을 바르게 이해한 것은?

1. 동물등록번호의 부여방법

가. 검역본부장은 동물정보시스템을 통하여 등록대상동물의 동물등록번호를 부여한다.

나. 외국에서 등록된 등록대상동물은 해당 국가에서 부여된 동물등록번호를 사용하되, 호환되지 않는 번호체계인 경우 제2호 나목의 표준규격에 맞는 동물등록번호를 부여한다.

다. 검역본부장은 무선식별장치 공급업체별로 동물등록번호 영역을 배정 · 부여한다. 이 경우 동물등록번호 영역의 범위 선정에 관한 세부기준은 검역본부장이 정한다.

라. 동물등록번호 체계에 따라 이미 등록된 동물등록번호는 재사용할 수 없으며, 무선식별장치의 훼손 및 분실 등으로 무선식별장치를 재삽입하거나 재부착하는 경우에는 동물등록번호를 다시 부여받아야 한다.

2. 무선식별장치의 규격

가. 무선식별장치의 동물등록번호 체계는 동물개체식별－코드구조(KS C ISO 11784 : 2009)에 따라 다음 각 호와 같이 구성된다.

1) 구성 : 총 15자리(국가코드 3+개체식별코드 12)

2) 표시

| 코드종류 | 기관코드 (5－9비트) | 국가코드 (17－26비트) | 개체식별코드 (27－64비트) |
|---|---|---|---|
| KS C ISO 11784 | 1 | 410 | 12자리 |

가) 기관코드(1자리) : 농림축산식품부는 “1”로 등록하되, 리더기로 인식(표시)할 때에는 표시에서 제외

나) 국가코드(3자리) : 대한민국을 “410”으로 표시

다) 개체식별코드(12자리) : 검역본부장이 무선식별장치 공급업체별로 일괄배정한 번호체계

나. 무선식별장치의 표준규격은 다음에 따라야 한다.

1) 산업표준화법 제5조에 따른 동물개체식별－코드구조(KS C ISO 11784 : 2009)와 동물개체식별 무선통신－기술적개념(KS C ISO 11785 : 2007)에 따를 것(국제표준규격 ISO 11784 : 1996, ISO 11785 : 1996을 포함한다)

2) 내장형 무선식별장치의 경우에는 의료기기법 제19조에 따른 동물용 의료기기 개체인식장치 기준규격에 따를 것

3) 외장형 무선식별장치의 경우에는 등록동물 및 외부충격 등에 의하여 쉽게 훼손되지 않는 재질로 제작될 것

3. 무선식별장치의 장착 방법

가. 내장형 무선식별장치는 양쪽 어깨뼈 사이의 피하(皮下 : 진피의 밑부분부터 근육을 싸는 근막 윗부분까지를 말한다)에 삽입한다.

나. 외장형 무선식별장치는 해당 동물이 기르던 곳에서 벗어나는 경우 반드시 부착하고 있어야 한다.

① 동물등록번호는 검역본부장이 부여하며, 외국에서 등록된 등록대상동물의 경우 번호를 우리나라 체계에 맞춰 다시 부여한다.

② 무선식별장치 훼손으로 장치를 재부착 혹은 재삽입하는 경우, 원래 쓰던 번호를 다시 사용할 수 없다.

③ 무선식별장치의 개체식별코드는 검역본부장이 무작위로 배정한다.

④ 무선식별장치는 총 15자리로 구성되며, 이 중 국가코드는 3자리, 기관코드는 1자리이다.

⑤ 외장형 무선식별장치는 의료기기법의 기준규격에 따라야 한다.

**35** **다음 자료를 참고할 때, 생태계보전협력금의 1회분 분할납부금액이 많은 순으로 올바르게 나열한 것은? (단, 부과금을 균등한 액수로 최대한 분할납부하며, A, B, C의 사업은 모두 생태계보전협력금 납부대상 사업이다.)**

> **생태계보전협력금 부과 · 징수 방법**
>
> 1. 부과 · 징수 대상
> 자연환경 또는 생태계에 미치는 영향이 현저하거나 생물다양성의 감소를 초래하는 사업을 하는 사업자
>
> 2. 부과금액 산정 방식
> • 생태계보전협력금 = 생태계 훼손면적 × 단위면적당 부과금액 × 지역계수
> • 단위면적($1m^2$)당 부과금액 : 250원
> • 단, 총 부과금액은 10억 원을 초과할 수 없다.
>
> 3. 토지용도 및 지역계수
> • 토지의 용도는 생태계보전협력금 부과대상 사업의 인가 · 허가 또는 승인 등 처분 시 토지의 용도(부과대상 사업의 시행을 위하여 토지의 용도를 변경하는 경우에는 변경 전의 용도를 말한다.)에 따른다.
> • 지역계수
> 가. 주거지역 : 1
> 나. 상업지역 : 2
> 다. 녹지지역 : 3
> 라. 농림지역 : 4
> 마. 자연환경보전지역 : 5
>
> 4. 분할납부
> • 생태계보전협력금의 부과금액은 3년 이내의 기간을 정하여 분할납부한다.
> • 분할납부의 횟수는 부과금액이 2억 원 이하인 경우 2회, 2억 원을 초과하는 경우 3회로 한다. 다만 국가 · 지방자치단체 및 공공기관의 분할납부의 횟수는 2회로 한다.

> • 주거지역 25만$m^2$에 농림지역 20만$m^2$를 개발하여 새로운 복합주거상업지구를 조성하려는 지방자치단체 A
> • 상업지역 20만$m^2$와 자연환경보전지역 30만$m^2$를 묶어 염전체험박물관을 건립하려는 개인사업자 B
> • 농림지역 30만$m^2$에 관광단지를 조성하려는 공공기관 C

① A – B – C
② A – C – B
③ B – A – C
④ B – C – A
⑤ C – A – B

**[36~37] 다음은 근로복지공단이 시행하고 있는 직업훈련생계비 융자에 관한 자료이다. 이를 보고 이어지는 물음에 답하시오.**

◎ 대부대상

총 140시간 이상 훈련 중 대부대상월의 교육일수가 15일 이상인 대부 대상자

- **실업자**: 고용보험 피보험자격을 상실한 자 중 실업상태에 있는 자(단, 실업급여 수급 중인 자, 노무제공자 상실 이력만 있는 자는 제외)
- **비정규직근로자**: 고용보험 피보험자격을 취득한 비정규직 노동자(특수형태근로자는 대상이 아님)
- **무급휴직자**: 고용보험 피보험자격을 취득한 근로자로서 휴직수당 등 금품을 받지 않고 휴직 중인 자
- **자영업자인 피보험자**: 자영업자 고용보험 임의가입 중인 자

※ 대부신청일 이전 180일 이내에 30일 이상의 고용보험 피보험 일용근로내역이 있는 건설일용근로자가 12월부터 2월 사이에 훈련을 수강하는 경우에 한하여 2주 이상의 훈련에 대해 대부할 수 있으며, 이 경우에는 교육일수가 8일 이상인 경우에 한하여 대부요건 인정

◎ 소득요건

전년도 20세 이상 가구원 합산 월 소득이 신청년도 가구별 기준 중위소득의 80% 이하일 것(가구원: 본인 및 배우자, 부모, 배우자의 부모, 자녀)

**2025년도 가구별 기준 중위소득**

(단위: 원)

| 구분 | 1인 가구 | 2인 가구 | 3인 가구 | 4인 가구 | 5인 가구 | 6인 가구 |
|---|---|---|---|---|---|---|
| 80% | 1,913,610 | 3,146,126 | 4,020,282 | 4,878,218 | 5,686,554 | 6,451,844 |
| 100% | 2,392,013 | 3,932,658 | 3,932,658 | 6,097,773 | 7,108,192 | 8,064,805 |

◎ 대부대상 훈련과정

아래에 해당하는 총 140시간 이상의 집체·비대면 실시간 원격 훈련(콘텐츠 재생형 원격훈련은 제외)

- 국민 평생 직업능력 개발법에 의해 지원되는 국민내일배움카드 과정, 사업주 직업능력개발훈련, 폴리텍대학 직업훈련과정
- 고용보험법 및 국민 평생 직업능력 개발법에 의해 지원되는 국가인적자원개발컨소시엄 훈련과정
- 그 밖에 지방자치단체의 장이 직업능력개발훈련을 위하여 설치한 공공직업훈련시설에서 취업을 목적으로 실시하는 훈련
- 건설근로자공제회에서 건설일용근로자의 기능 향상을 위하여 실시하는 훈련
- 산업재해보상보험법 제72조 및 제92조 중 어느 하나에 해당하는 훈련 또는 장애인고용촉진 및 직업재활법 제11조 및 제12조 중 어느 하나에 해당하는 훈련

◎ 대부한도

- **총 대부한도**: 1인당 1천만 원 이내
- **월별 대부 한도액**: 50~200만 원 이내
- 대부대상월의 훈련기간에 대하여 대부대상월의 익월 10일까지 대부 신청(소급 신청 불가, 월별 신청)
- 기접수 훈련과정 외 다른 훈련과정 대부 신청 시 대부대상월 대부액 200만 원 초과 불가

〈예시: 1/21~5/30 훈련 (140시간 이상)〉
**1월 훈련**: 15일 미만으로 대부대상월에서 제외(접수불가)
**2월 훈련**: 3/1 ~ 3/10까지 신청, 3월 지급 - 신규신청
**3월 훈련**: 4/1 ~ 4/10까지 신청, 4월 지급 - 추가신청
**4월 훈련**: 5/1 ~ 5/10까지 신청, 5월 지급 - 추가신청
**5월 훈련**: 6/1 ~ 6/10까지 신청, 6월 지급 - 추가신청
* 신규 신청 이후 동일한 훈련에 대한 월별 지급 신청은 '추가신청' 유형으로 접수

◎ 기타 사항
- 추가신청자의 경우 대부 적격여부를 판단하여, 훈련기간 중 취업, 훈련 중도포기, 실업급여 수급, 이자 미납, 신용정보 등재 등의 사유 발생 시 대부실행 중단
- 훈련사실 및 대부요건 등을 확인하여 매월 1일~10일까지(휴일인 경우 익일) 신청
- 대출 실행일이 은행 휴무일인 경우(법정 공휴일, 토요일 및 근로자의 날 포함) 다음 최초 영업일에 실행
- 대부대상월의 훈련기간에 대해 월별 대부 신청
- 훈련개시월과 훈련종료월의 일수가 모두 15일 미만일 경우에만 합산 → 합산하여 15일 이상일 경우, 훈련종료월을 대부대상월에 포함(개시월, 종료월 중 하나만 15일 미만인 경우 합산 적용 불가)

**36** **위 자료를 보고, 직업훈련생계비 융자 신청과 관련한 설명으로 옳은 것을 〈보기〉에서 모두 고르면?**

보기

㉠ 대부 대상자가 총 140시간 이상의 훈련을 다 받은 후에 융자 신청을 할 수 있다.
㉡ 2025년 기준 가구원으로 배우자만 있는 대부 대상자의 중위소득이 400만 원 이상인 경우에는 융자를 신청할 수 없다.
㉢ 건설일용근로자는 대부대상월의 교육일수가 15일 미만인 경우에 대부를 받을 수도 있다.
㉣ 3개월째 실업상태에 있으면서 실업급여를 받고 있는 경우에도 융자 신청을 할 수 있다.

① ㉠, ㉡
② ㉠, ㉣
③ ㉡, ㉢
④ ㉡, ㉣
⑤ ㉢, ㉣

**37** **2025년 3월 18일부터 6월 8일까지 국민내일배움카드 과정의 훈련을 받는 갑의 직업훈련생계비 융자 관련 설명으로 옳지 않은 것은?**

① 7월 10일에는 대부신청을 할 수 없다.
② 3월에는 대부신청을 할 수 없다.
③ 4월에 신규 신청을, 5월에 추가 신청을 할 수 있다.
④ 5월 12일에 대부신청을 하는 것은 불가능하다.
⑤ 갑이 최대로 대부 신청을 하는 경우에도 600만 원 이내로만 융자를 받을 수 있다.

**[38~39] 다음은 근로복지넷 EAP 서비스에 대한 자료이다. 이를 보고 이어지는 물음에 답하시오.**

근로복지공단은 중소기업의 EAP 도입을 촉진하고 근로자의 정서적, 심리적 어려움 해결을 지원하기 위하여 근로복지넷을 통해 EAP 서비스를 무상으로 제공하고 있습니다.

• EAP(Employee Assistance Program)란?

미국 등 선진국에서 보편화된 제도로, 기업이 소속 근로자의 직무 만족이나 생산성에 부정적인 영향을 미치는 다양한 문제들을 근로자가 해결할 수 있도록 도와주기 위해 자체적으로 도입하는 복지제도입니다. 우리나라에서는 근로복지기본법 제83조에서 모든 기업이 도입, 실시하도록 권장하고 있습니다.

1. 지원대상

상시근로자수 300인 미만 중소기업 및 소속 근로자

2. 지원내용

(1) 개인회원: 300인 미만 중소기업 소속 근로자로 근로복지넷에 '개인회원'으로 가입한 근로자

| 구분 | 상담유형 | 이용횟수(연간) | 제공시간 | 비고 |
|---|---|---|---|---|
| 온라인 | 게시판 상담 | 제한 없음 | 24시간 이내 답변 | - |
| | 희망드림 톡(채팅/톡 상담) | 1인당 7회 | 1회당 50분 | 일정은 상담사와 협의 |
| | 전화 상담 | | | |
| | 비디오 상담(화상상담) | | | |
| 오프라인 | 개인 상담(1:1 대면상담) | 1인당 7회 | 1회당 50분 | 일정 및 장소는 상담사와 협의 |

※ 이용 횟수 안내: 온/오프라인 상담을 합하여 1인당 연 최대 7회 이용 가능(단, 게시판 상담은 횟수제한 없음)

(2) 기업회원: 300인 미만 중소기업으로 근로복지넷에 '기업회원'으로 가입한 기업 담당자

| 구분 | 상담유형 | 이용횟수(연간) | 제공시간 | 상담인원 | 장소 |
|---|---|---|---|---|---|
| 오프라인 | 집단 프로그램(특강/교육) | 기업별 3회 | 1회당 60분 | 1회당 5~20명 규모 | 사내 |

※ 이용 횟수 안내: 기업 신청 시, EAP 이용 연차 3년까지 무상 지원

3. 상담 분야

(1) 직장 영역: 직무스트레스, 조직 내 소통능력(동료, 상・하 간 갈등), 업무역량(리더쉽) 강화, 불만고객 등 응대, Work-Life Balance(장시간, 육아휴직 등), 직장 내 괴롭힘

(2) 개인 영역: 성격진단, 스트레스 관리, 정서문제(우울, 불안, 장애, 분노, 강박 등), 생활습관관리(금연, 절주, 비만 등), 대인관계, 자살

(3) 가정 영역: 부부(관계갈등, 성문제, 맞벌이, 주말부부), 자녀(학습코칭, 또래 관계, 발달, ADHD 등), 기타(가족내 정신질환, 부모봉양 등)

4. 상담 이용 절차

(1) 회원가입: 근로복지넷 접속 후 기업 또는 개인회원 가입

(2) 상담신청: 근로복지넷 근로자지원프로그램(EAP) → 온라인 상담 또는 오프라인 상담 선택 → 상담유형 선택 → 상담분야 선택 → 상담사 선택 → 고용보험조회 → 상담사 재클릭, 신청

(상담신청 확인은 로그인 후 '이용현황'에서 가능)

(3) 상담 일정 및 장소 협의: 상담사가 신청자에게 직접 전화 연락하여 상담 일정 및 장소 협의

(4) 상담 진행: 게시판상담 24시간 내 답변, 카카오톡・전화・화상・근로자 상담 1회당 50분 진행

(5) 만족도 평가: 상담 후 상담이용에 대한 만족도 평가(시스템에서 자동 문자발송 또는 전화 설문)

**38** **위 자료의 내용과 부합하는 것을 〈보기〉에서 모두 고르면?**

> 보기
>
> ㉠ 300인 미만 중소기업에 다니지 않는 사람은 EAP서비스를 이용할 수 없다.
> ㉡ 기업회원의 경우 사내 특강 등 집단 프로그램만 이용이 가능하다.
> ㉢ 부부간 갈등이나, 우울 등 개인문제는 상담지원에서 제외된다.
> ㉣ 개인회원이 1년에 게시판 상담 3회, 개인 상담 5회를 이용하는 것이 가능하다.
> ㉤ 근로복지기본법에 따라, 국내 300인 미만 모든 중소기업은 EAP의 도입과 실시가 의무화되어 있다.

① ㉠, ㉡　　② ㉡, ㉣
③ ㉠, ㉢　　④ ㉠, ㉡, ㉣
⑤ ㉡, ㉢, ㉣

**39** **〈보기〉에서 근로복지넷 EAP 서비스의 이용방법이 잘못된 경우를 모두 고르면?**

> 보기
>
> • 갑은 상시근로자수가 200명인 중소기업 인사팀 담당자로, 근로복지넷에 '기업회원'으로 가입했다.
> • 을은 근로복지넷 개인회원으로 가입하여 6개월간 5번의 개인상담을 받고, 남은 기간 2번의 개인상담을 더 받으려고 한다.
> • 병은 근로복지넷에 접속해 개인회원 가입을 하여 상담신청을 한 후, 지정된 상담사에게 직접 전화 연락하여 상담 일정 및 장소를 잡으려고 한다.
> • 정은 온라인 상담을 신청하고 직장 영역 분야의 상담을 선택한 후, 직무스트레스와 자녀문제를 상담하려고 한다.

① 갑, 을, 정　　② 을, 병, 정
③ 갑, 정　　④ 을, 병
⑤ 병, 정

**[40～41] ○○회사 총무팀 박 과장은 회사 창립기념일 행사를 위해 출장뷔페를 예약하려고 한다. 다음은 박 과장이 이용하려는 출장뷔페 업체의 가격 정보 및 예약방법이다. 이를 보고 이어지는 물음에 답하시오.**

**출장뷔페 가격 정보**

| 장비류 | | 음식류 | |
|---|---|---|---|
| 의자 | 5,000원 | 일반 뷔페코스 A | 인당 35,000원 |
| 테이블(대) | 70,000원 | 일반 뷔페코스 B | 인당 45,000원 |
| 테이블(소) | 50,000원 | 스페셜 코스 | 인당 70,000원 |
| 현수막 | 50,000원 | 다과 코스 A | 인당 24,000원 |
| 음향세트(실외) | 270,000원 | 다과 코스 B | 인당 28,000원 |
| 음향세트(실내) | 160,000원 | 바비큐 파티 서비스 | 600,000원(40kg, 35인 기준) |
| 조명 시스템 | 240,000원 | | 670,000원(50kg, 50인 기준) |
| 천막(특대) | 220,000원 | | 720,000원(60kg, 60인 기준) |
| 천막(대) | 150,000원 | 생맥주 파티 서비스 | 1통 120,000원(20,000cc) |
| 천막(소) | 100,000원 | 뷔페포장 서비스 | 38,000원(10인 포장) |

※ 장비류 금액은 설치비까지 포함한 금액입니다.
※ 의자와 테이블은 인원에 따라 반드시 선택해야 합니다. 의자는 인원당 가격이며, 테이블(대)에는 8인, 테이블(소)에는 5인 착석 가능합니다.
※ 음식류는 100인 이상 150인 미만 이용 시 5%, 150인 이상 이용 시 8% 할인이 적용됩니다.

**출장뷔페 예약 방법**

1. 예약은 전화 혹은 인터넷 홈페이지 1:1 문의를 통한 상담 후에 진행 가능합니다.
2. 상담 후 계약금으로 30%를 입금하시면 예약이 이루어집니다. 입금은 예약 당일 3주 전까지는 해주셔야 합니다.
3. 예약 후 서비스 변경이나 추가는 예약 당일 10일 전까지 가능하며, 이후에는 추가나 변경이 불가능합니다.
4. 예약 후 취소는 예약 당일 2주 전까지 가능합니다. 이후에는 취소가 불가능합니다.

## 40

**박 과장은 출장뷔페 업체 홈페이지 1:1 문의에 〈보기〉와 같은 견적 문의 내용을 남겼다. 이에 대한 출장뷔페 업체의 답변 내용으로 적절하지 않은 것은?**

보기

안녕하세요, ○○회사 총무팀 박△△ 과장이라고 합니다. 회사 창립기념일 행사가 11월 27일에 있어 예약 문의 드립니다. 행사장소는 K호텔 크리스탈홀이고, 참석인원은 120명입니다. 일반 뷔페코스 A로 예약하려고 합니다. 현수막과 조명, 음향세트 설치도 가능하면 함께 예약하고 싶습니다. 혹시 따로 할인이 되는 부분이 있으시면 이 부분까지 포함하여 견적 부탁드립니다.

① 테이블 사이즈를 선택하지 않으셨는데, 큰 사이즈의 테이블을 선택하실 경우 장비류 견적 금액은 210만 원입니다.
② 테이블(대)로 예약하시면 테이블(소)로 예약하실 때보다 10만 원 이상 저렴합니다.
③ 120명이 일반 뷔페코스 A를 이용하시므로 5% 할인이 적용돼 음식류 견적은 399만 원입니다.
④ 말씀하신 조건으로 최소 금액으로 계산했을 때, 예약 금액으로는 1,872,000원을 입금해 주시면 됩니다.
⑤ 11월 6일까지는 입금을 해주셔야 진행이 가능하며, 변경하실 사항이 있을 경우에는 11월 17일까지 해주셔야 합니다.

**41** **위 문항의 조건과 같이 행사 진행을 하던 박 과장은 창립기념일 행사 세부사항이 〈보기〉와 같이 변경되자 비용을 다시 계산하려고 한다. 제시된 조건에 맞추어 최소 금액을 지출하고자 할 때, 출장뷔페 업체 이용에 드는 최종 비용을 구하면?**

보기
- 인원 변경: 120명 → 165명
- 일반 뷔페코스 B로 변경
- 현수막 사용하지 않음

① 9,526,000원
② 9,796,000원
③ 9,804,000원
④ 10,126,000원
⑤ 11,094,000원

**[42~43] 다음은 산재보험의료기관 관리규정의 일부이다. 이를 보고 이어지는 물음에 답하시오.**

**산재보험의료기관 관리규정**

제1조(목적) 이 규정은 산업재해보상보험법 및 같은 법 시행령 및 같은 법 시행규칙에서 위임된 사항과 산재보험 의료기관 및 약국의 관리·운영에 필요한 사항을 정하는 것을 목적으로 한다.

제17조(부당이득의 징수) ① 소속기관장은 산재보험 의료기관(소속 의사 및 소속 직원을 포함한다) 또는 약국(소속 약사 및 소속 직원을 포함한다)이 다음 각 호의 어느 하나에 해당하는 행위로 진료비·약제비를 지급받은 경우에는 법 제84조 제3항 제1호에 해당하는 것으로 보아 지급받은 진료비·약제비의 금액의 2배에 해당하는 금액을 징수하여야 한다.

1. 산재보험 의료기관 또는 약국이 진료비·약제비 청구서, 진료기록부 등 진료비·약제비의 청구에 관한 서류를 거짓이나 부정한 방법으로 작성한 경우
2. 산재보험 의료기관 또는 약국이 진료비·약제비를 청구하는 때에 다른 의료기관 또는 약국이나 제3자가 작성한 서류를 위조·변조한 경우
3. 산재보험 의료기관 또는 약국이 법에 따른 보험급여를 받을 자격이 없는 자와 공모한 경우
4. 입원이나 통원 일수를 사실과 다르게 산정하거나 실제 하지 아니한 진료행위에 따른 비용을 청구하는 등 그 밖에 거짓이나 부정한 방법으로 청구한 경우
5. 의료법 제33조 제2항을 위반하여 의료기관을 개설할 수 없는 자가 의료인의 면허나 의료법인 등의 명의를 대여 받아 개설·운영하는 의료기관에 지급된 진료비·약제비
6. 약사법 제20조 제1항을 위반하여 약국을 개설할 수 없는 자가 약사 등의 면허를 대여받아 개설·운영하는 약국에 지급된 약제비

② 소속기관장은 산재보험 의료기관 또는 약국이 다음 각 호의 어느 하나에 해당하는 행위로 진료비·약제비를 지급받은 경우에는 법 제84조 제3항 제2호에 해당하는 것으로 보아 지급받은 진료비·약제비에 해당하는 금액을 징수하여야 한다.

1. 실제로 한 진료행위에 대하여 진료비를 청구하였으나 그 청구명세가 산재보험 요양급여기준을 따르지 않았거나 진료수가를 잘못 적용하여 산정한 경우
2. 의약품이나 치료재료에 든 비용이 보건복지부장관이 고시한 금액보다 적은 경우에 실구입가로 청구하여야 함에도 고시금액으로 청구한 경우
3. 그 밖에 진료비·약제비의 청구가 산재보험 요양급여기준을 위반하였다고 인정되는 경우

**42** **근로복지공단의 소속기관장은 지역본부장 또는 지사장을 의미한다. 다음 중 광주지역본부장이 부당이득을 징수해야 하는 경우가 아닌 것을 〈보기〉에서 모두 고르면? (단, 광주지역본부장이 광주광역시, 전라남도, 전라북도를 관할한다고 가정한다.)**

보기

㉠ A씨는 약사법 제20조 제1항을 위반하여 약국을 개설할 수 없게 되자 약사인 부인의 명의를 대여받아 전북 전주시에서 다른 약국을 운영하여 약제비를 지급받았다.
㉡ 광주시의 B산재보험 의료기관은 치료재료에 소요된 비용이 보건복지부장관이 고시한 금액보다 적어 고시금액이 아닌 실구입가를 청구했다.
㉢ 대구에서 약국을 운영하는 C씨는 허위로 약제비 청구와 관련된 서류를 작성하여 약제비를 지급받았다.
㉣ 전남 순천의 D산재보험 의료기관은 입원 일수를 사실과 다르게 산정하여 진료비를 지급받았다.

① ㉠, ㉡
② ㉠, ㉢
③ ㉡, ㉢
④ ㉡, ㉣
⑤ ㉢, ㉣

**43** **다음 중 부당이득에 대한 징수액이 가장 큰 경우는? (단, 의사 또는 약사는 모두 산재보험 의료기관 또는 약국에서 근무한다고 가정한다.)**

① 의사인 A는 보험급여를 받을 수 없는 B와 모의하여 34만 원의 진료비를 청구해 지급받았다.
② 약사인 C는 제3자가 작성한 서류를 변조해 약제비로 25만 원을 청구해 지급받았다.
③ 의사인 D는 실제 진료를 한 후 진료수가를 잘못 적용하여 62만 원을 진료비로 청구해 지급받았다.
④ 약사인 E는 실제 약을 조제하지 않고 거짓으로 약제비 청구 서류를 작성하여 약제비로 30만 원을 지급받았다.
⑤ 의사인 F는 실제 진료비가 50만 원임에도 보건복지부장관 고시금액인 65만 원을 청구해 지급받았다.

**44** **다음은 A, B, C, D, E, F 인터넷 쇼핑몰별 이용약관의 주요내용이다. 다음 〈보기〉의 설명에서 사원 X, Y, Z가 이용한 쇼핑몰을 바르게 연결한 것은?**

| 쇼핑몰 | 주문 취소 | 환불 | 배송비 | 포인트 적립 |
|---|---|---|---|---|
| A | 주문 후 7일 이내 취소 가능 | 고객 귀책사유에 의한 환불 시 10% 환불수수료 + 송금수수료 차감 | 무료 | 구입금액의 3% |
| B | 주문 후 10일 이내 취소 가능 | 고객 귀책사유에 의한 환불 시 환불수수료 + 송금수수료 차감 | 20만 원 이상 구매 시 무료 | 구입금액의 5% |
| C | 주문 후 7일 이내 취소 가능 | 고객 귀책사유에 의한 환불 시 환불수수료 + 송금수수료 차감 | 1만 원 | 없음 |
| D | 주문 후 당일에만 취소 가능 | 고객 귀책사유에 의한 환불 시 환불수수료 + 송금수수료 차감 | 5만 원 이상 구매 시 무료 | 없음 |
| E | 취소 불가능 | 고객 귀책사유에 의한 환불 시 10% 환불수수료 | 1만 원 이상 구매 시 무료 | 구입금액의 10% |
| F | 취소 불가능 | 원칙적으로 환불 불가능 (사업자 귀책사유일 때만 환불 가능) | 100g당 2,500원 | 없음 |

보기

- 사원 X는 인터넷 쇼핑몰을 이용해 부모님의 선물을 구입하였는데, 판매자의 업무착오로 배송이 지연되어 판매자에게 전화로 환불을 요구하였다. 판매자는 판매금액 그대로를 통장에 입금해 주었고 구입 시 발생한 포인트도 유지해 주었다.
- 인터넷 쇼핑몰에서 마음에 드는 셔츠를 20,000원에 주문한 사원 Y는 다음 날 같은 물건을 18,000원에 파는 가게를 발견하고 전날 주문한 물건을 취소하려 했지만 취소가 되지 않아 곤란을 겪은 적이 있다.
- 사원 Z는 인터넷 쇼핑몰을 이용할 때 배송료를 고려하여 한 가지씩 여러 번에 나누어 구매하기보다는 가능한 한 한꺼번에 주문하곤 하였다.

| | X | Y | Z |
|---|---|---|---|
| ① | E | C | B |
| ② | F | D | E |
| ③ | E | F | D |
| ④ | F | E | C |
| ⑤ | B | D | A |

**[45~46] 근로복지공단은 다음 표와 같이 3단계 승진제도를 운영하려고 한다. 이를 보고 이어지는 물음에 답하시오.**

**근로복지공단 승진제도**

| 승진 직급 | 승진 규정 |
|---|---|
| 사원 → 과장 | 1) 사원으로 5년 재직하고, 나이가 35세 이상이면 자동으로 과장으로 승진된다.<br>2) 적어도 2년 이상 사원으로 근무해야 과장 승진대상에 포함된다.<br>3) 신규입사자는 바로 과장직에 채용될 수 없다. |
| 과장 → 부장 | 1) 적어도 3년 이상 과장직으로 근무해야 부장 승진대상에 포함된다.<br>2) 최소 2명의 임원들로부터 추천을 받아야 한다.<br>3) 나이가 35세 이상이어야 한다.<br>4) 신규입사자는 바로 부장직에 채용될 수 없으나, 인사위원회 전원의 추천을 받는 경우 가능하다. |
| 부장 → 임원 | 1) 나이가 45세 이상이어야 한다.<br>2) 최소 3명의 임원들로부터 2년 이상 연속해서 추천을 받아야 한다.<br>3) 부장직에 최소 2년을 근무해야 한다.<br>4) 신규입사자는 바로 임원이 될 수 없다. |

## 45 위 승진제도에 근거할 때 〈보기〉의 설명 중 옳은 것을 모두 고르면?

보기

㉠ 28세 신규입사자 B씨는 2년 후 과장이 될 수 있다.
㉡ 35세 신규입사자 C씨가 인사위원회 전원의 추천을 받는 경우 바로 부장직에 채용될 수 있다.
㉢ 45세에 부장이 된 D씨는 부장직에 2년 동안 근무한 후 처음으로 3명의 임원들로부터 추천을 받아 임원 승진대상에 포함되었다.

① ㉠
② ㉡
③ ㉢
④ ㉠, ㉡
⑤ ㉠, ㉡, ㉢

## 46 연령 조건을 충족하는 경우, 사원으로 입사한 후 과장, 부장을 거쳐 임원까지 승진하기 위해 필요한 최소 기간은 몇 년인가? (단, 과장 → 부장 승진규정 4)에는 해당하지 않는다고 가정한다.)

① 5년
② 7년
③ 8년
④ 10년
⑤ 20년

**47** **다음은 근로복지공단의 상반기 캠프를 위해 직원들이 선호하는 야외활동을 조사한 자료이다. 이에 대한 설명으로 옳은 것을 〈보기〉에서 모두 고르면?**

**야외활동별 선호도**

| 구분 | 비율 |
|---|---|
| 등산 | 20% |
| 야영 | 15% |
| 영화보기 | 25% |
| 뮤지컬 관람 | 30% |
| 운동회 | 10% |
| 합계 | 100% |

※ 각 직원들은 선호하는 야외활동을 한 가지만 선택한다.

- 등산을 선호하는 사원의 남녀 비율은 4:1이다.
- 운동회를 선호하는 사원은 모두 남자 직원들이다.
- 뮤지컬 관람을 선호하는 사원의 남녀 비율은 1:2이다.
- 야영과 영화보기를 선호하는 사원의 남녀 비율은 3:2이다.

보기

㉠ 야영과 뮤지컬 관람을 선호하는 남자 사원의 수는 동일하다.
㉡ 근로복지공단의 남자 사원의 수는 여자 사원의 수의 1.5배이다.
㉢ 영화보기와 뮤지컬 관람을 선호하는 여자 사원의 수는 등산과 영화보기를 선호하는 남자사원의 수보다 적다.

① ㉠
② ㉡
③ ㉠, ㉡
④ ㉠, ㉢
⑤ ㉡, ㉢

**48** **출장을 다녀온 김 과장은 책상 위에 있는 업무 관련 메모 7개를 발견했다. 메모가 전달된 순서대로 업무를 처리해야 한다고 할 때, 김 과장이 처리해야 할 메모에 대한 설명으로 옳은 것은?**

'기' 사원의 메모는 가장 먼저 전달되었다.
'정' 사원의 메모는 '무' 사원의 메모보다 먼저 전달되었다.
'갑' 대리의 메모는 '무' 사원의 메모보다 늦게 전달되었다.
'무' 사원의 메모가 전달된 직후 '경' 과장의 메모가 전달되었다.
'을' 사원의 메모는 '정' 사원의 메모보다 먼저 전달되었지만 '병' 주임의 메모보다 늦게 전달되었다.

① '정' 사원의 메모는 '을' 사원의 메모보다 먼저 도착했다.
② 김 과장은 '무' 사원의 메모를 세 번째로 처리해야 한다.
③ '병' 주임 이후 김 과장에게 메모를 전달한 사람은 3명이다.
④ '갑' 대리 다음으로 메모를 전달한 사람은 '정' 사원이다.
⑤ 김 과장이 네 번째로 처리할 메모는 '정' 사원의 것이다.

**49** **경제학과, 경영학과, 통계학과, 회계학과 교수들이 모여 세미나를 진행하려고 한다. 각 학과에서 2명이 나와 8명이 발표를 했고, 각 과의 교수는 정교수와 부교수로 나눠져 있었다. 발표의 순서가 다음을 따른다고 할 때, 옳지 않은 것은? (단, 발표를 한 교수 중 경력이 10년 이상 된 교수는 경제학과 교수뿐이다.)**

- 경제학과 발표 앞뒤에 통계학과는 발표하지 않는다.
- 한 학과가 연달아 발표하지는 않는다.
- 정교수가 처음과 마지막에 발표하지는 않는다.
- 회계학과 교수는 짝수 번째에 발표를 한다.
- 경영학과 부교수는 5번째에 발표를 진행한다.
- 경제학과 정교수는 7번째에 발표를 진행한다.
- 경력 10년 이상된 교수들끼리는 연달아 발표가 가능하다.

① 경제학과 부교수는 2번째에 발표를 할 수 없다.
② 경제학과 부교수는 3번째에 발표를 할 수 없다.
③ 경영학과 정교수는 2번째 순서로 발표를 할 수 있다.
④ 통계학과의 발표는 발표 진행 절반 이후 시점에 들을 수 있다.
⑤ 회계학과 부교수의 발표가 4번째 순서라면 통계학과 부교수의 발표 순서는 맨 처음이다.

**50** **다음은 K사에 근무하는 사원들의 근무 팀에 대한 내용이다. 이때, 이에 대한 설명으로 옳은 것은?**

- 영업, 마케팅, 경영, 자재팀 사무실이 순서대로 같은 층에 일렬 배치되어 있다.
- 각 팀별 1명씩 사원을 두고 있다.
- A사원은 경영팀에 근무하고 있다.
- B사원은 A사원의 옆 사무실에서 근무하고 있다.
- 마케팅부서는 유일하게 야근이 있는 부서다.
- C사원은 야근을 하지 않는다.
- D사원은 C사원의 옆 사무실에서 근무하고 있다.

① B사원은 종종 야근을 한다.
② C사원은 자재팀 소속이다.
③ C사원의 소속은 알 수 없다.
④ D사원은 마케팅팀 소속이다.
⑤ B사원의 바로 옆 사무실에는 A사원과 C사원이 있다.

**[51 ~ 52] △△공사의 황 주임은 신입사원 교육에 쓰일 교육 자료를 제작하려고 한다. A~D사 중 하나를 선택하여 자료를 제작하려고 할 때, 이어지는 물음에 답하시오.**

1페이지당 인쇄 비용

(단위: 원)

| 구분 | A사 | B사 | C사 | D사 |
|---|---|---|---|---|
| 흑백(단면) | 42 | 41 | 44 | 43 |
| 컬러(단면) | 230 | 235 | 210 | 220 |
| 흑백(양면) | 40 | 39 | 39 | 41 |
| 컬러(양면) | 200 | 210 | 180 | 205 |

1부 추가 가공료

(단위: 원)

| 구분 | A사 | B사 | C사 | D사 |
|---|---|---|---|---|
| 표지코팅 | 2,600 | 3,200 | 3,500 | 2,800 |
| 무선제본 | 1,400 | 1,300 | 1,600 | 1,400 |
| 스프링제본 | 5,500 | 4,500 | 4,300 | 4,800 |

추가 혜택사항

| 구분 | 혜택 내용 |
|---|---|
| A사 | • 흑백 300페이지 이상 인쇄 시 1부당 500원 할인<br>• 컬러 200페이지 이상 인쇄 시 1부당 1,500원 할인<br>• 흑백 컬러 혼합페이지 250페이지 이상 인쇄 시 1부당 1,000원 할인 |
| B사 | 100부 이상 제작 시 추가 가공비용 10% 할인 |
| C사 | 1부 가격 50,000원 초과 시 2,000원 할인 |
| D사 | 300페이지 이상 인쇄 시 스프링제본 무료 |

## 51

**컬러 양면 300페이지를 스프링제본하여 150부를 제작하려 할 때, 가장 저렴한 비용으로 제작할 수 있는 제작사와 그 비용을 고르면?**

| | 제작사 | 비용 |
|---|---|---|
| ① | A사 | 9,600,000원 |
| ② | B사 | 10,057,500원 |
| ③ | C사 | 8,445,000원 |
| ④ | D사 | 9,225,000원 |
| ⑤ | A사 | 8,460,000원 |

**52** **황 주임은 〈보기〉와 같은 상사의 지시에 따라 교육자료를 제작하기로 하였다. 이때의 제작 비용을 구하면?**

> 보기
>
> 황 주임, 이번에 신입사원이 100명이 조금 넘는다고 합니다. 그러니 교육자료는 여유 있게 120부를 제작하도록 하세요. 그림자료가 없으니 흑백 양면으로 인쇄하고, 표지코팅과 무선제본도 해주세요. 자료가 250페이지라고 하니, 가장 저렴한 곳을 선택하여 견적 부탁합니다.

① 1,656,000원
② 1,671,600원
③ 1,680,000원
④ 1,782,000원
⑤ 1,800,000원

**[53~54]** 다음은 ○○공사의 직원 승진을 위한 인사평가 요소 및 승진 대상자에 대한 자료이다. 이를 보고 이어지는 물음에 답하시오.

| 평가 요소 | | 승진 대상자 | | | | |
|---|---|---|---|---|---|---|
| 구분 | 요소 | 갑 | 을 | 병 | 정 | 무 |
| 업무능률 | 업무 효율성(10점) | 8 | 6 | 7 | 6 | 9 |
| | 업무 지식(5점) | 4 | 3 | 3 | 5 | 4 |
| | 업무 속도(5점) | 2 | 4 | 4 | 5 | 2 |
| 업무태도 | 협조성(5점) | 3 | 2 | 3 | 4 | 1 |
| | 책임감(10점) | 5 | 4 | 7 | 8 | 2 |
| | 근면성(5점) | 2 | 4 | 5 | 2 | 3 |
| | 적극성(5점) | 3 | 2 | 3 | 1 | 3 |
| 업무능력 | 이해판단력(5점) | 4 | 4 | 4 | 2 | 5 |
| | 실행력(10점) | 8 | 8 | 6 | 6 | 5 |
| | 창의력(5점) | 3 | 3 | 3 | 2 | 3 |
| 관리능력 | 위기대처력(10점) | 5 | 5 | 8 | 5 | 4 |
| | 지도력(10점) | 5 | 9 | 3 | 8 | 2 |
| | 신뢰성(10점) | 9 | 6 | 4 | 8 | 3 |
| | 사고 유연성(5점) | 3 | 5 | 5 | 1 | 1 |

**53** 위 자료에 제시된 인사평가 요소에 대한 점수를 합산하여 총점이 가장 높은 직원 1명을 승진자로 선정하려고 한다. 총점이 동일한 경우 관리능력이 높은 사람이 우선적으로 승진자로 선정된다고 할 때, 승진하는 직원은 누구인가?

① 갑
② 을
③ 병
④ 정
⑤ 무

**54** 승진자와는 별개로 승진 대상자 중 업무태도와 업무능력 점수에 10%의 가중치를 더하여 계산한 총점이 가장 높은 사람에게 상여금을 지급하려고 한다. 이때 상여금을 받게 되는 직원은 누구인가?

① 갑
② 을
③ 병
④ 정
⑤ 무

**[55~56]** 근로복지공단 경인지역본부는 최근 고용보험에 대한 민원이 증가함에 따라 다른 부서의 직원들을 파견 받아 민원 부서에 충원하려고 한다. 월요일부터 금요일 9시~18시까지 파견 근무자가 민원 부서에 있도록 하려 할 때, 이어지는 물음에 답하시오.

파견 가능 직원 명단

| 직원 | 파견 수당(시간당) | 파견 가능 요일 | 파견 가능 시간 |
|---|---|---|---|
| A | 7,000원 | 화, 목 | 09:00~14:00 |
| B | 8,000원 | 월, 화, 수 | 09:00~12:00 |
| C | 9,000원 | 수, 금 | 15:00~18:00 |
| D | 8,000원 | 화, 수, 목 | 13:00~18:00 |
| E | 8,000원 | 월, 화, 수, 목 | 10:00~14:00 |
| F | 7,000원 | 금 | 11:00~16:00 |
| G | 9,000원 | 월, 수, 금 | 10:00~12:00 |
| H | 7,000원 | 화, 수, 목, 금 | 09:00~15:00 |
| I | 9,000원 | 화, 목, 금 | 16:00~18:00 |
| J | 8,000원 | 월, 화, 목 | 14:00~18:00 |

※ 근무시간은 9시~18시이다.

※ 파견 근무자는 하루에 최소 2시간, 최대 5시간 근무한다.

## 55

본부장은 가능한 한 가장 적은 비용을 들여 직원들을 민원 부서로 파견하려고 한다. 일주일에 최대 몇 명의 직원이 파견될 수 있는가?

① 6명
② 7명
③ 8명
④ 9명
⑤ 10명

## 56

위 55번 문제와 같이 직원을 파견할 때, 지급해야 하는 주급의 총액은 얼마인가? (단, 비용을 최소화하여 직원을 파견한다.)

① 338,000원
② 340,000원
③ 342,000원
④ 344,000원
⑤ 348,000원

**57** 근로복지공단 고객만족부에 근무하는 직원 K씨는 근로복지공단에서 제공하는 서비스에 대한 홍보를 위해 지역 내의 A, B, C, D 회사를 직접 방문하기로 했다. 다음의 조건에서 최대한 많은 사람에게 홍보를 하려고 할 때, 마지막으로 방문하게 되는 회사와 이 날 전체 홍보 대상 인원 수는?

**각 회사 간 이동시간**

| 출발지 \ 도착지 | A회사 | B회사 | C회사 | D회사 |
|---|---|---|---|---|
| A회사 | – | 3시간 | 2시간 | 1시간 |
| B회사 | 3시간 | – | 2시간 | 2시간 |
| C회사 | 2시간 | 2시간 | – | 4시간 |
| D회사 | 1시간 | 2시간 | 4시간 | – |

**회사별 홍보 대상 인원**

| 구분 | A회사 | B회사 | C회사 | D회사 |
|---|---|---|---|---|
| 인원 | 50명 | 75명 | 60명 | 80명 |

- 각 회사에서의 홍보에는 1시간이 소요된다.
- 9시에 A회사에서 홍보를 시작하고, 18시에 마지막 회사에서 일정을 마친다.
- 12시~13시는 점심시간에 해당되어 홍보를 실시하지 않는다.
- 홍보 대상 인원이 같을 경우 시간이 적게 걸리는 순서로 정한다.

① B, 190명
② C, 185명
③ D, 205명
④ B, 205명
⑤ C, 190명

**58** 근로복지공단 의정부지사 직원들은 1박 2일 동안 워크숍을 다녀올 계획이다. 이동 시 이용할 수 있는 교통편과 교통비 지원 금액이 다음과 같다고 할 때, 의정부지사 직원들이 대여할 차종별 대수는?

**행사계획**

□ 일시 : 5월 3일 10:00 ~ 5월 4일 15:00
□ 장소 : ○○연수원
□ 참석 인원 : 81명(임원 1명, 본부장 3명, 1급 7명, 2급 12명, 3급 23명, 4급 이하 35명)

**대여 가능 차량**

| 차종 | 탑승 인원 | 1일 대여료 |
|---|---|---|
| 승용차 | 5인 이하 | 6만 원 |
| 승합차 | 6인 이상 12인 이하 | 16만 원 |
| 미니버스 | 13인 이상 25인 이하 | 30만 원 |
| 대형버스 | 26인 이상 45인 이하 | 45만 원 |

※ 지사 앞에서 모여 대여한 차량으로 유원지에 갔다가 다음 날 같은 차량을 이용해 지사로 복귀한다.

**직급별 교통비 지원 금액**

| 직급 | 이사장, 임원 | 본부장, 1급 | 2급, 3급 | 4급 이하 |
|---|---|---|---|---|
| 지원 금액 | 42,000원 | 38,000원 | 34,000원 | 30,000원 |

• 지원 금액은 워크숍 기간 전체에 대한 지원 금액이다.
• 1급 이상은 승용차 또는 승합차, 2급·3급은 승합차 또는 미니버스, 4급 이하는 미니버스 또는 대형버스를 이용한다.
• 1급 이상/2급·3급/4급 이하 직원이 모두 다른 차량을 이용하며, 같은 직급은 같은 차량을 이용한다.
• 위 조건을 만족하면서 가장 적은 비용이 들어가는 차량을 선택해 대여한다.

| | 승용차 | 승합차 | 미니버스 | 대형버스 |
|---|---|---|---|---|
| ① | 1대 | 1대 | 2대 | 1대 |
| ② | 3대 | 3대 | 2대 | 0대 |
| ③ | 0대 | 1대 | 4대 | 0대 |
| ④ | 3대 | 0대 | 2대 | 1대 |
| ⑤ | 0대 | 4대 | 0대 | 1대 |

**(59～60) 근로복지공단에 근무 중인 A, B, C, D 4명의 직원으로부터 해외연수 신청을 받아 항목별 평가점수의 합이 가장 높은 한 명을 선발하려고 한다. 다음 자료를 보고 이어지는 물음에 답하시오.**

**선발 기준안 비교**

| 구분 | 현행안 | 개정안 |
|---|---|---|
| 외국어 성적 | 30점 | 50점 |
| 근무 경력 | 40점 | 20점 |
| 근무 성적 | 20점 | 10점 |
| 포상 | 10점 | 20점 |
| 계 | 100점 | 100점 |

※ 근무 경력 환산 점수는 15년 이상이 만점 대비 100%, 10년 이상 15년 미만이 70%, 10년 미만이 50%이다. 다만 근무 경력이 5년 이상인 자에게만 선발 자격이 주어진다.

※ 포상 환산 점수는 3회 이상이 만점 대비 100%, 1～2회 50%, 0회 0%이다.

**해외연수 신청자 현황**

| 구분 | A | B | C | D |
|---|---|---|---|---|
| 근무 경력 | 30년 | 20년 | 10년 | 3년 |
| 포상 | 2회 | 4회 | 0회 | 5회 |

※ 외국어 성적은 A와 B가 만점 대비 50%이고, C가 80%, D가 100%이다.

※ 근무 성적은 B만 만점이고, A, C, D는 서로 동점이다.

**59** 현행 기준안을 적용할 때, 선발되는 직원과 그 직원의 점수를 올바르게 짝지은 것은?

① A, 80
② B, 85
③ B, 80
④ C, 82
⑤ D, 80

**60** D의 근무 경력이 5년이고 개정안을 적용할 때, 선발되는 직원과 세 번째로 점수가 높은 직원을 순서대로 바르게 짝지은 것은?

① B, A
② B, C
③ D, A
④ D, B
⑤ D, C

**61** **근로복지공단 기획조정본부는 새로운 프로젝트를 추진하고 있다. 추진계획에 대한 자료가 정리되는 대로 발표를 할 예정이며, 준비 일정은 다음과 같다. 이때 발표 가능한 날짜 중 가장 빠른 날짜는 언제인가?**

**준비 일정**

| 일정 | 선행일정 | 소요기간 |
|---|---|---|
| A | 없음 | 1일 |
| B | A | 2일 |
| C | 없음 | 5일 |
| D | B | 1일 |
| E | C | 2일 |
| F | C, D | 3일 |
| G | F | 5일 |
| H | E | 3일 |
| I | G, H | 1일 |

- 3월 3일 월요일에 일정을 시작한다.
- 선행일정이 없는 일정은 바로 시작할 수 있다.
- 두 가지 이상의 일정을 동시에 진행할 수 있다.
- 휴무일에는 작업과 발표를 하지 않는다.
- 휴무일은 토, 일요일밖에 없다고 가정한다.

① 16일　② 17일
③ 18일　④ 20일
⑤ 21일

**[62～63] 근로복지공단 ○○팀 직원들은 6월 9일 월요일부터 6월 15일 일요일까지 해외 출장을 가게 되었다. 다음 일정과 숙박비 · 식비 관련 정보를 보고 이어지는 물음에 답하시오.**

주요 일정

| 날짜 | 일정 | |
|---|---|---|
| 9일 | 20:00 | 인천국제공항 출발 |
| 10일 | 10:00 | A국('가' 등급) 국제공항 도착 |
| | 18:00～19:00 | A국 현지 직원과의 만찬 및 간담회 |
| 11일 | 11:30～14:00 | 세미나 참석 및 관계자와의 오찬 |
| | 21:00 | A국 공항 출발 |
| 12일 | 06:00 | B국('다' 등급) 공항 도착 |
| | 11:00～20:00 | 현지 자유 견학 |
| 13일 | 06:00 | B국 공항 출발 |
| | 17:00 | C국('나' 등급) 공항 도착 |
| 14일 | 10:00～16:30 | 현지 업체 시찰 |
| | 18:00～19:30 | 환송 만찬 |
| | 22:30 | C국 공항 출발 |
| 15일 | 11:00 | 인천국제공항 도착 |

※ 임원인 갑, 2급 직원인 을, 4급 직원인 병, 5급 직원인 정 등 4명이 출장을 간다.

숙박비 및 식비

(단위: 천 원)

| 구분 | 등급 | 이사장 | 임원 | 1급 | 2급, 3급 | 4급 이하 |
|---|---|---|---|---|---|---|
| 숙박비 | 가 | 290 | 205 | 165 | 145 | 130 |
| | 나 | 220 | 150 | 120 | 95 | 90 |
| | 다 | 175 | 120 | 90 | 70 | 65 |
| 식비 | 가 | 160 | 135 | 105 | 80 | 70 |
| | 나 | 115 | 100 | 80 | 60 | 50 |
| | 다 | 90 | 70 | 60 | 45 | 35 |

- 출장 국가별로 등급을 부여하고 이에 맞춰 숙박비 · 식비를 지급한다.
- 자정(0시)을 기준으로 항공기에 탑승하고 있는 경우 항공기에서 숙박하는 것으로 본다.
- 현지시각으로 7시, 12시, 18시에 식사를 하고 해당 시각에 항공기에 탑승하고 있는 경우 기내식으로 식사를 한다.
- 기내에서 숙박, 식사를 하는 경우 숙박비와 식비를 지급하지 않으며, 지역 간 시차는 고려하지 않는다.
- 일정에 조찬/오찬/만찬이 포함되는 경우 식비를 지급하지 않는다.

**62** **위 정보에 따르면, 출장을 가는 갑, 을, 병, 정에게 지급될 숙박비와 식비의 합은 각각 얼마인가?**

① 숙박비: 1,120천 원, 식비: 800천 원
② 숙박비: 1,120천 원, 식비: 2,400천 원
③ 숙박비: 1,355천 원, 식비: 800천 원
④ 숙박비: 1,355천 원, 식비: 2,200천 원
⑤ 숙박비: 1,355천 원, 식비: 2,400천 원

**63** **회사 사정으로 직원 병이 출장에서 빠지게 되었다. 갑, 을, 정 3명만 출장을 가게 되었을 때, 3명의 직원에게 지급될 숙박비와 식비의 총액은 얼마인가?**

① 3,005,000원
② 3,215,000원
③ 3,315,000원
④ 3,570,000원
⑤ 3,615,000원

**[64～65] 근로복지공단은 우수사원을 선발해 해외 연수의 기회를 제공하려고 한다. 이와 관련한 다음 자료를 보고 이어지는 물음에 답하시오.**

**9월 달력**

| 일 | 월 | 화 | 수 | 목 | 금 | 토 |
|---|---|---|---|---|---|---|
| | | | | | 1 | 2 |
| 3 | 4 | 5 | 6 | 7 | 8 | 9 |
| 10 | 11 | 12 | 13 | 14 | 15 | 16 |
| 17 | 18 | 19 | 20 | 21 | 22 | 23 |
| 24 | 25 | 26 | 27 | 28<br>추석 | 29 | 30 |

**10월 달력**

| 일 | 월 | 화 | 수 | 목 | 금 | 토 |
|---|---|---|---|---|---|---|
| 1 | 2 | 3<br>개천절 | 4 | 5 | 6 | 7 |
| 8 | 9<br>한글날 | 10 | 11 | 12 | 13 | 14 |
| 15 | 16 | 17 | 18 | 19 | 20 | 21 |
| 22 | 23 | 24 | 25 | 26 | 27 | 28 |
| 29 | 30 | 31 | | | | |

**우수사원 선발 과정**

| 과정 | 내용 |
|---|---|
| 서류 접수 | 9월 12일~18일 |
| 1차 심사 | • 지역본부 심사<br>• 서류 접수마감 이틀날부터 5일간 자료 검토 후 6일째 되는 날 심의를 통해 2배수 선발 |
| 2차 심사 | • 본사 심사<br>• 1차 심사 다음 날부터 3일간 자료 검토 후 4일째 되는 날 심의를 통해 최종 선발 |
| 결과 발표 | 2차 심사 종료 다음 날 발표 |

• 심사 관련 업무는 모두 평일에 진행된다.
• 주말(토, 일요일), 추석 연휴(9월 27일~29일), 개천절(10월 3일), 한글날(10월 9일)은 휴무일이고, 9월 20일은 사내 행사로 심사 관련 업무를 진행하지 않는다.

**64** **S사원은 부서장의 추천을 받아 해외연수자 선발에 지원했다. 다음 중 S사원이 심사 결과를 확인할 수 있는 가장 빠른 날짜는?**

① 10월 2일
② 10월 4일
③ 10월 6일
④ 10월 10일
⑤ 10월 11일

**65** **근로복지공단은 가장 빠른 결과 발표일로부터 6일 후 오후 1시에 대구지역본부에서 소집교육을 실시할 예정이다. 부득이한 사유가 아니면 모두 소집교육에 참석해야 한다고 할 때, 다음 중 참석할 수 없는 사람은? (단, 이때의 6일에는 휴무일도 포함된다.)**

① 대구지역본부에 근무하는 A는 24시간 근무 후 48시간 휴식하는 교대근무를 하는데 10월은 1일 아침 8시부터 근무한다.(교대근무는 주말, 공휴일과 관계없이 정해진 시간대로 운영되며 타인이 대신할 수 없다.)
② 대구지역본부에 근무하는 B는 10월의 홀수 날에는 오전에, 짝수 날에는 오후에 민원인과의 상담이 예약되어 있고, 반드시 B가 상담을 해야 한다.
③ 서울남부지사에 근무하는 C는 매일 오후 1시에 외근을 나가야 하는데, 대신해 줄 수 있는 유일한 사원이 개인 사정으로 10월 셋째 주에 출근을 할 수 없는 상황이다.
④ 수원지사에 근무하는 D는 매주 월요일에 이틀간 대구지역본부로 출장을 가게 되었는데, 둘째 날 업무는 오전에 모두 마칠 수 있다.
⑤ 본사에 근무하는 E는 매주 화, 금요일 아침 10시부터 1시간 동안 주요 업무회의에 참석해야 한다.(본사에서 대구지역본부까지는 2시간이 소요된다.)

**[66~67]** K금융회사는 전년 대비 실적이 우수한 지역을 선발하기 위하여 다음과 같이 전년도 대비 지역별 성과에 따라 등급을 부여하였다. 이를 보고 이어지는 물음에 답하시오.

전년도 대비 지역별 성과등급표

| 구분 | 수도권 | 충청권 | 전라권 | 경상권 | 강원권 |
|---|---|---|---|---|---|
| 점포수익 | C | A | B | D | E |
| 이자수익 | B | D | E | C | A |
| 대출고객 수 | A | D | C | B | E |
| 판매상품 수 | D | E | A | B | C |
| 사회공헌점수 | D | A | B | C | E |
| 기타수익 | – | – | – | – | – |
| 총점 | ? | ? | ? | ? | ? |

- 평가등급 A: 5점, B: 4점, C: 3점, D: 2점, E: 1점을 준다.
- 평가항목별 평가등급에 따른 환산점수의 총점으로 순위를 결정한다.
- 기타수익 항목의 등급은 아직 확정되지 않은 상태이다.

**66** 충청권과 전라권 은행이 기타수익에서 A등급을 받을 때, 1위와 5위가 되는 지역을 순서대로 바르게 나열하면?

① 충청권, 경상권
② 수도권, 강원권
③ 전라권, 충청권
④ 수도권, 충청권
⑤ 전라권, 강원권

**67** K사에서 성과등급표와 평가항목 중 점포수익, 이자수익, 대출고객 수 항목의 평가등급 환산점수로만 순위를 결정하기로 방침을 바꾸었을 때 1위, 2위를 차지하는 지역을 순서대로 나열하면? (단, 총점이 동점일 경우 점포수익 항목의 등급이 높은 지역의 순위가 높은 것으로 한다.)

① 경상권, 수도권
② 수도권, 충청권
③ 경상권, 전라권
④ 수도권, 경상권
⑤ 수도권, 전라권

**[68～70] 근로복지공단 이사회는 U사업에 1억 원을 투자할 계획을 세우고 있다. 다음 자료를 보고 이어지는 물음에 답하시오.**

**투자방안별 수익 발생 확률**

| 구분 | 직접투자(무상담) | A사 상담 | B사 상담 |
|---|---|---|---|
| 높은 수익 | 20% | 30% | 15% |
| 낮은 수익 | 30% | 25% | 45% |
| 낮은 손실 | 35% | 20% | 25% |
| 높은 손실 | 15% | 25% | 15% |

※ A사와 B사는 투자자문회사이다.

**투자방안별 투자금액 대비 수익·손실**

| 높은 수익 | 낮은 수익 | 낮은 손실 | 높은 손실 |
|---|---|---|---|
| 투자금액 대비 20% | 투자금액 대비 10% | 투자금액 대비 −10% | 투자금액 대비 −20% |

- 이사회는 1억 원을 투자할 계획이다.
- 기대이익은 투자금액 대비 수익에 각각의 수익을 얻을 수 있는 확률을 곱한 값의 합으로 구한다. 예를 들어 상담 없이 투자를 하는 경우 [{높은 수익(1억 원 × 20%) × 20%} + {낮은 수익(1억 원 × 10%) × 30%} + {낮은 손실(1억 원 × −10%) × 35%} + {높은 손실(1억 원 × −20%) × 15%}]와 같이 계산한다.

**68** 이사회는 가장 높은 기대이익을 얻을 수 있는 투자방안을 선택하고자 한다. 어떤 방안이 선택되며, 그 때의 기대이익은 얼마인가?

① 직접투자(무상담), 50만 원
② A사 상담, 150만 원
③ B사 상담, 200만 원
④ A사 상담, 200만 원
⑤ B사 상담, 150만 원

**69** A, B 2개 회사와 모두 상담을 할 경우 기대이익은 각 회사와 상담했을 때의 기대이익의 평균이라고 가정하자. 이 경우 상담을 하지 않았을 때 기대이익의 몇 배의 이익을 기대할 수 있는가?

① 2배
② 2.5배
③ 3배
④ 3.5배
⑤ 4배

**70** 이사회가 A사와 B사 중 한 곳과 상담을 하기로 결정했다면, 상담을 하는 회사에 최대 얼마까지 상담료를 지불할 수 있는가? (단, 기대이익이 가장 큰 회사와 상담하며, 상담료는 만 원 단위로 지불한다.)

① 49만 원
② 50만 원
③ 99만 원
④ 149만 원
⑤ 150만 원

# 근로복지공단

## 직업기초능력평가

# 근로복지공단

## 직업기초능력평가

### 봉투모의고사

/

## 정답 및 해설

박문각

# 제1회 직업기초능력평가

| | | | | |
|---|---|---|---|---|
| 01. ④ | 02. ④ | 03. ② | 04. ① | 05. ⑤ |
| 06. ② | 07. ⑤ | 08. ② | 09. ③ | 10. ⑤ |
| 11. ③ | 12. ① | 13. ⑤ | 14. ③ | 15. ③ |
| 16. ① | 17. ② | 18. ② | 19. ③ | 20. ② |
| 21. ③ | 22. ④ | 23. ④ | 24. ① | 25. ⑤ |
| 26. ⑤ | 27. ⑤ | 28. ⑤ | 29. ③ | 30. ② |
| 31. ⑤ | 32. ⑤ | 33. ④ | 34. ③ | 35. ④ |
| 36. ② | 37. ⑤ | 38. ① | 39. ④ | 40. ① |
| 41. ⑤ | 42. ② | 43. ③ | 44. ④ | 45. ③ |
| 46. ② | 47. ④ | 48. ① | 49. ② | 50. ④ |
| 51. ① | 52. ④ | 53. ① | 54. ⑤ | 55. ② |
| 56. ③ | 57. ② | 58. ③ | 59. ① | 60. ② |
| 61. ② | 62. ④ | 63. ③ | 64. ⑤ | 65. ③ |
| 66. ⑤ | 67. ① | 68. ④ | 69. ⑤ | 70. ④ |

**01 ▸ ④**

④ 초·중·고생 자녀와 가족이 함께 참여하는 가족공감과정은 1박 2일 일정으로 일정이 더 짧다.

**02 ▸ ④**

④ 2022년 도입 이후 2023년 6.97%, 2024년 8월 말 기준 12.8%의 수익률을 기록했다는 내용이 제시되어 있으므로 자료의 내용과 일치하지 않는 설명이다.
③ 30인 이하 중소기업만 도입 가능한 제도이다.
⑤ 2024년도 월평균보수가 273만 원(최저임금의 130%) 미만인 경우이므로 일치하는 설명이다.

**03 ▸ ②**

'온라인을 통한 (가) 가입방식'은 시중 퇴직연금과는 다른 푸른씨앗의 장점에 속하므로, 시중 퇴직연금과 같은 '일반적인' 방식이라고 할 수 없다. (가)에는 '편리한'이 들어가는 것이 적절하다.
또한 푸른씨앗은 사업주에 대한 재정지원을 한다는 점에서 중소·영세 사업장의 가입 부담을 크게 '완화'시킨다는 점을 추론할 수 있다. 부담을 늘린다는 의미의 '고조'나 '가중'은 부적절하다.

**04 ▸ ①**

㉠ 65세 이후 계약한 경우에 대상자가 아니라고 하였다. 65세 이상이 제외 대상은 아니다.
㉢ 출산전후급여 상한액 및 구직급여 상한액은 근로자와 동일하다고 제시되어 있다.

**05 ▸ ⑤**

⑤ 공고문을 보면, 현행 제도에서는 학생에 대한 산재보험 적용이 이루어지지 않고 있다.
① 학생 신분 시에 일어나는 산업재해를 지금까지 산재보험으로 대비하지 않고 있으므로 민간보험에 의해 보험 처리를 해왔음을 알 수 있다.
② 학생연구자 등이 산재보험 대상자가 되지 않은 이유는 학생 신분이라는 조건 때문이다.
③ 낙찰자가 계약체결을 기피할 경우 입찰보증금은 국고에 귀속된다고 하였다.
④ 노동정책 관련분야 정책연구 수행이 가능한 단체 및 개인이 입찰 참가가 가능하며, 다수의 연구기관이 참여하는 경우 책임연구기관 이외의 자만 관련 분야가 아닌 다양한 분야의 연구자여도 가능하다.

**06 ▸ ②**

부결 → 체결, 출현 → 출연, 면재 → 면제, 재출 → 제출

**07 ▸ ⑤**

① 휴업 사업장의 사업주는 융자에서 제외된다.
② 퇴직근로자의 경우, 확인신청일 1년 이내에 퇴직한 근로자가 융자대상이다. 6개월 이상 근무했더라도 1년 이내에 퇴직한 것이 아니라면 융자대상이 되지 않는다.
③ 융자예정자를 결정하는 것은 사업자 관할 근로복지공단이며, 여기서 융자방식도 결정된다.
④ 개인 신용정보의 조회·수집·이용·제공동의서는 고용노동부 제출서류에 포함된다.

**08 ▸ ②**

갑: 신용 융자 또는 연대보증 시 연리 3.7%이고 담보제공 시 연리 2.2%이므로, 담보제공 시 이자금리가 연 1.5%p 저렴하다.

을: 융자금액은 사업장당 1억 5천만 원 한도, 근로자 인당 1천 5백만원 한도라 하였다. 10명의 근로자 인당 2천만 원 체불임금이 있으므로 총 2억 원의 체불임금이 있다. 이는 한도를 넘어선다.
병: 신청방법은 고용노동부와 근로복지공단 홈페이지를 참고하라고 제시되어 있다. 홈페이지를 통해서만 가능하다는 언급은 없다.

**09 ▸ ③**

③ '만족한다'고 응답한 환자는 외래환자 86.3%, 입원환자 76.5%로, 모두 80% 이상은 아니다.
① 조사 대상자인 일반 국민 5,160명과 한방의료 이용자 2,154명을 합하면 7,314명이다.
② 일반 국민 중 한방의료를 이용한 적 있다는 응답은 67.3%, 이 중 1년 이내에 한방의료를 이용한 적 있다는 응답은 33.6%이다. 따라서 일반 국민 중 1년 이내에 한방의료를 이용한 적 있다는 응답은 일반 국민 67.3%의 33.6%가 된다. $0.673 \times 0.336 \fallingdotseq 0.226$이므로, 일반 국민 중 약 22%이다.
④ 한방의료를 이용할 의향이 있다고 응답한 비율은 일반 국민 75.8%, 외래환자 94.5%, 입원환자 92.8%이다. 외래환자와 입원환자의 비율 모두 일반 국민보다 15%p 이상 높으며, 입원환자보다 외래환자의 응답비율이 더 높다.
⑤ '보통'이라는 응답이 일반 국민과 한방의료 이용자 모두에게서 50% 이상이고, '비싸다'는 응답은 일반 국민과 한방의료 이용자가 20~30%대이다. '비싸다'는 응답이 '보통'이라는 응답에 비해 낮다.

**10 ▸ ⑤**

㉡ '한약 복용 생각 있다'고 응답한 비율은 절반 이상이고, 복용 의향이 없는 가장 큰 이유는 '한약값이 비싸서'이다. 따라서 한방의료에 건강보험이 전면 적용되어 금전적 부담이 줄어든다면 한약 복용 의향이 늘어날 것이고 이에 따라 한방의료 이용자가 늘어날 것이라는 추론이 가능하다.
㉢ 병・의원을 찾고도 다시 한방의료 서비스를 이용한 환자가 2022년에 비해 늘어났으므로, 한방의료에 대한 신뢰도가 높아진 것으로 해석하는 것이 가능하다.
㉠ 한방의료 이용자와 일반 국민은 각각 5,160명과 2,154명으로 동일한 비율로 구성하지 않았으므로 적절하지 않은 반응이다.

**11 ▸ ③**

① 공황장애는 대부분 만성인 경과를 밟지만, 저절로 나아지는 경우도 있으므로 반드시 병원의 치료를 받을 필요는 없다.
② 여성의 경우 성인기에 유병률이 가장 높다.
④ 전형적인 공황발작 환자들은 제한된 공황발작 환자들에 비해 의료시설 사용률이 높고, 삶의 질은 더 낮다.
⑤ 아동기의 성적・신체적 학대 경험을 가진 환자는 다른 불안장애보다 공황장애에서 더 흔하게 보고된다.

**12 ▸ ①**

① 이명, 목의 따끔거림, 두통, 통제할 수 없는 소리 지름이나 울음과 같은 문화적 특이증상은 진단에 필요한 4가지 증상에 포함되지 않는다.

**13 ▸ ⑤**

① 임금을 정산 받는 날짜에 상관없이 1개월 미만으로 근로하였으므로 일용근로자 고용보험 대상자이다.
② 사업주가 신고하지 않을 경우 근로자의 직접 신고가 가능하다.
③ 임금을 정산 받는 형태와 상관없이 근로계약이 1개월을 초과하였으므로 일용근로자 고용보험 대상자가 아니다.
④ 일용근로자 고용보험은 실업자들을 위해 재취직 훈련을 위한 훈련비와 훈련수당을 지급하는 혜택이 있다.

**14 ▸ ③**

③ 초음파는 상이한 생체 조직을 각기 다른 속력으로 통과한다고 하였고, 다층적으로 반사되기도 하여 각기 다른 세기의 교류 전기 신호를 발생시켜 모니터에 영상을 만들어낸다.
④ 젤을 사용하는 것은 반사로 인한 음파의 손실을 최소화하기 위한 것이므로, 젤을 사용하지 않는다면 음파가 손실되어 검사의 정확성이 떨어질 수 있다.

**15 ▸ ③**

③ 개별 통보로 우편 또는 SMS로 확인 가능하고 홈페이지로는 확인할 수 없다.

**16 ▸ ①**

㉠ 약국이나 한약방에서 약을 구입한 경우 자격이 제한되지만 진료내역이 명시된 진단서 또는 의사소견서 첨부 시에는 융자가 가능하다.
㉡ 공단의 신용보증지원으로 대학학자금을 2,000만 원 융자받은 경우 상환을 하면 의료비 융자신청을 할 수 있는 자격을 가질 수 있다.
㉢ 마약류 관리에 관한 법률 제2조의 규정에 의한 마약, 향정신성 의약품 및 대마에 중독된 자는 의료비 융자신청을 할 수 없다.
㉣ 주민등록등본을 들고 가지 않으면 융자신청을 할 수 없다.

**17 ▸ ②**

② 소변이 뿌옇다는 것은 소변에 요산의 함유량이 많기 때문이므로 정상이 아니다.
③ 사람의 소변에는 유로크롬, 요산이라는 물질이 녹아 있으며 몸 상태에 따라 유로크롬과 요산의 함유량이 달라진다.
④ 소변 색상의 진하기는 유로크롬이라는 물질로 인해 결정된다.

**18 ▸ ②**

제시문은 소변의 상태에 따라 몸의 건강 상태를 유추할 수 있다는 내용이므로 정답은 ②이다.

**19 ▸ ③**

③ 교대작업과 심혈관계 질환 간의 병리학적 기전이 명확하게 밝혀져 있지 않으며 연구자 간의 보고도 일치하지 않는다.

**20 ▸ ②**

② 보험급여 금액의 100분의 50에 해당하는 금액이 아니라 100분의 10에 해당하는 금액이다.

**21 ▸ ③**

㉠ 전체 강의 수는 15+11+12+13+31+12+36 = 130(개)이고, 영어강의는 다음 계산에 따라 73개이므로 옳다.

| A | B | C | D |
|---|---|---|---|
| 15×0.467=7 | 11×0.909=10 | 12×0.917=11 | 13×0.615=8 |
| E | F | G | 총계 : 73 |
| 31×0.806=25 | 12×0.667=8 | 36×0.111=4 | |

㉢ B 전공분야의 영어강의는 10개이고, G 전공분야 영어강의는 4개이므로 옳다.
㉡ 영어강의가 두 번째로 많은 전공분야는 C이므로 옳지 않다.
㉣ E 전공분야의 영어강의는 25개이고, 이 대학 전체 강의의 20%는 26개이므로 옳지 않다.

**22 ▸ ④**

㉠ 2020년 IT산업의 생산규모는 전년 대비 $\frac{385.4-322}{322}\times 100 \fallingdotseq 19.7(\%)$ 증가하였다.
㉡ 2020년 융합서비스는 전년 대비 생산규모 증가율이 정보통신서비스 중 약 19%로 가장 높고, 정보통신서비스에서 차지하는 생산규모 비중은 약 14%로 가장 낮다.
㉢ 2016~2020년 정보통신기기 생산규모에서 차지하는 비중의 순위는 통신기기 2위, 정보기기 5위, 음향기기 4위, 전자부품 1위, 응용기기 3위로 매년 변화가 없다.
㉣ 통신기기와 응용기기 모두 2019년에 생산규모가 감소했으므로 옳지 않다.

**23 ▸ ④**

평가방법 A, B, C를 적용했을 때 모든 교과우수자전형 후보자의 평정점수는 다음과 같다.

| 구분 | A | B | C |
|---|---|---|---|
| 지민 | 85×0.5+65×0.3+65×0.2<br>=75(점) | 85×0.6+65×0.4<br>=77(점) | 85점 |
| 유진 | 70×0.5+85×0.3+75×0.2<br>=75.5(점) | 70×0.6+85×0.4<br>=76(점) | 70점 |
| 민정 | 75×0.5+75×0.3+65×0.2<br>=73(점) | 75×0.6+75×0.4<br>=75(점) | 75점 |
| 원영 | 80×0.5+60×0.3+65×0.2<br>=71(점) | 80×0.6+60×0.4<br>=72(점) | 80점 |

㉠ 모든 후보자의 경우에서 평가방법 A보다는 평가방법 B를 적용할 때 평정점수가 더 높다.
㉢ '원영'의 2023년 내신 성적점수가 90점으로 변경된다면 평가방법 A일 때 76점, B일 때 78점, C일 때 90점으로 어떤 평가방법을 적용하더라도 합격대상자가 된다.
㉡ 평가방법 A를 적용할 때 합격대상자는 유진이고, 평가방법 C를 적용할 때 합격대상자는 지민으로 같지 않다.

**24 ▸ ①**

평가방법 C를 적용했을 때 모든 교과우수자전형 후보자의 평정점수는 다음과 같다.
지민 : 85×0.4+65×0.3+65×0.3=73(점)
유진 : 70×0.4+85×0.3+75×0.3=76(점)
민정 : 75×0.4+75×0.3+65×0.3=72(점)
원영 : 80×0.4+60×0.3+65×0.3=69.5(점)
따라서 합격대상자는 유진이고 평정점수는 76점이다.

**25 ▸ ⑤**

⑤ 보고서 ㉣의 내용과 부합하지 않는다. 프랑스의 국세결손처분 비율은 1.2%이므로 한국이 프랑스보다 4배 이상 높지 않다.
① 보고서 ㉢의 내용과 부합한다.
② 보고서 ㉠의 내용과 부합한다.
③ 보고서 ㉡의 내용과 부합한다.
④ 보고서 ㉤의 내용과 부합한다.

**26 ▸ ⑤**

㉡ '진학/진로' 항목에서 '낮음'으로 응답한 학생은 인문계가 133×0.2406≒32(명), 자연계가 87×0.2759≒24(명)으로 인문계가 더 많다.
㉣ '외모' 항목에서 '높음'으로 응답한 학생은 인문계가 133×0.6015≒80(명), 자연계가 87×0.6437≒56(명)으로 자연계가 더 적다.
㉠ '진학/진로'는 인문계가 75.19%, 자연계가 71.26%, '교우관계'는 인문계가 78.2%, 자연계가 74.71%로 인문계가 더 높다.

㉢ '교우관계' 항목에서 '매우 높음'으로 응답한 인문계 학생은 133×0.1053≒14(명), '매우 낮음'으로 응답한 인문계 학생은 133×0.015≒2(명)이다. 따라서 '매우 높음'으로 응답한 학생이 '매우 낮음'으로 응답한 학생보다 12명 더 많다.

**27 ▸ ⑤**

㉠ 주어진 기간 중 합격률이 두 번째로 낮았던 회차는 7회차이고, 7회차가 있었던 연도인 2016년의 평균 합격률은 $\frac{28,530}{76,577}\times 100 \fallingdotseq 37.3(\%)$이다.

합격률이 세 번째로 낮았던 회차는 12회차이고, 12회차가 있었던 연도인 2018년의 평균 합격률은 40.8%이다. 따라서 옳지 않다.

㉡ 주어진 기간 중 직전 회차와 합격률 차이가 가장 작은 회차는 23회차이고, 직전 회차와 합격률 차이가 가장 큰 회차는 11회차이다. 23회차의 합격률은 63.6%이고, 11회차의 합격률은 57.3%이다. 이 두 회차의 합격률은 6.3%p 차이가 나므로 옳지 않다.

㉢ 2015~2020년 전년 대비 응시인원 증가율은 다음과 같다.

2015년 : $\frac{59,750-46,436}{46,436}\times 100 \fallingdotseq 28.7(\%)$

2016년 : $\frac{76,577-59,750}{59,750}\times 100 \fallingdotseq 28.2(\%)$

2017년 : $\frac{81,179-76,577}{76,577}\times 100 \fallingdotseq 6.0(\%)$

2018년 : $\frac{118,309-81,179}{81,179}\times 100 \fallingdotseq 45.7(\%)$

2019년 : $\frac{157,015-118,309}{118,309}\times 100 \fallingdotseq 32.7(\%)$

2020년 : $\frac{340,801-157,015}{157,015}\times 100 \fallingdotseq 117.0(\%)$

증가율이 두 번째로 큰 해는 2018년이므로 옳지 않다.

**28 ▸ ⑤**

⑤ 실업률이 가장 낮은 연령대는 40~49세이며, 40~49세의 인구수는 조사한 연령대의 인구수 중 세 번째로 많으므로 옳지 않은 설명이다.

③ ㉠과 ㉡을 구하면 아래와 같다.

㉠ 100−5.4=94.6(%)

㉡ 100−5.7=94.3(%)

따라서 30~39세의 취업률(㉠)이 50~64세의 취업률(㉡)보다 높다.

**29 ▸ ③**

각 연도의 모든 학술지 대비 1인당 논문수를 계산하면 다음 표와 같다.

| 연도 | 합계 | |
|---|---|---|
| | 논문실적 | 1인당 논문수 |
| 2020년 | 65,819 | 0.93 |
| 2021년 | 66,946 | 0.92 |
| 2022년 | 69,321 | 0.94 |
| 2023년 | 70,810 | 0.96 |
| 2024년 | 68,767 | 0.92 |

① 2023년이 논문실적 합이 가장 많다.

② 국제일반 학술지 논문실적이 세 번째로 많은 연도는 2024년이다. 국내전문 학술지 논문실적이 세 번째로 많은 연도는 2020년이다.

④ 둘 다 꾸준히 상승하는 것은 아니고 중간에 하락세가 존재한다.

⑤ 국내전문 학술지 대비 국제학술지 비율을 구하면 다음과 같다.

2020년 : $\frac{25,039+1,270}{39,510} \fallingdotseq 0.67$

2021년 : $\frac{26,005+1,669}{39,272} \fallingdotseq 0.7$

2022년 : $\frac{27,896+1,413}{40,012} \fallingdotseq 0.73$

2023년 : $\frac{29,676+1,488}{39,646} \fallingdotseq 0.79$

2024년 : $\frac{29,105+1,481}{38,181} \fallingdotseq 0.8$

따라서 2024년도에 그 비율이 가장 크다.

**30 ▸ ②**

㉠ 2018년 각 항목별 전년 대비 증가율은 다음과 같으므로 옳지 않다.

장서 수 : $\frac{3,891-3,625}{3,625}\times 100 \fallingdotseq 7.34(\%)$

연간이용자 수 : $\frac{9,813-7,614}{7,614}\times 100 \fallingdotseq 28.88(\%)$

도서관 수 : $\frac{48-46}{46}\times 100 \fallingdotseq 4.35(\%)$

좌석 수 : $\frac{18.5-16.2}{16.2}\times 100 \fallingdotseq 14.20(\%)$

㉢ 2017년 도서관 수의 전년 대비 증가율은 $\frac{46-40}{40}\times 100 = 15(\%)$이고, 장서 수의 전년 대비 증가율은 $\frac{3,625-3,548}{3,548}\times 100 \fallingdotseq 2.17(\%)$이다. 2017년 장서 수의 전년 대비 증가율의 7배는 $2.17\times 7 = 15.19(\%)$이므로 옳지 않다.

㉡ 연간이용자 수가 가장 적은 해는 2017년이고, 도서관당 연간이용자 수는 다음과 같다.

2015년 : $\frac{10,015\times 1000}{42} \fallingdotseq 238,452(명)$

2016년 : $\frac{10,746 \times 1000}{40} \fallingdotseq 268,650$(명)

2017년 : $\frac{7,614 \times 1000}{46} \fallingdotseq 165,522$(명)

2018년 : $\frac{9,813 \times 1000}{48} \fallingdotseq 204,438$(명)

2019년 : $\frac{9,135 \times 1000}{49} \fallingdotseq 186,429$(명)

도서관당 연간이용자 수가 가장 적은 해 또한 2017년이므로 옳다.

㉣ 2017년 도서관 수는 전년보다 증가하였다.

2016년 도서관당 좌석 수는 $\frac{14,500}{40}$=362.5(석), 2017년 도서관당 좌석수는 $\frac{16,200}{46} \fallingdotseq$ 352.2(석)으로 2017년이 2016년보다 감소하였다.

**31 ▸ ⑤**

㉠ A은행은 소유권 취득 시 은행이 판매자에게 구입금액을 지급하므로 소유권 취득 시의 고객 부담이 가장 적다. B은행은 소유권 취득 시까지 1,200만 원이 들고, C은행은 1,080만 원이 든다.

㉢ A은행과 거래하면 바로 소유권을 취득할 수 있다.

㉣ 소유권 취득 시까지의 금액은 B은행 1,200만 원, C은행 1,080만 원이므로 C은행이 더 유리하다.

㉡ A은행을 선택했을 때 수리비 50만 원을 포함해도 1,170만 원이 든다. 하지만 B은행 선택 시 1,200만 원이 소요되므로, B은행보다 A은행을 선택하는 것이 유리하다.

**32 ▸ ⑤**

⑤는 간병급여 지급대상자의 간병비용이 간병급여액에 미달하는 경우이다. 이때는 실제 지출된 간병비용만 지급한다.

**33 ▸ ④**

A씨는 흉복부 장기의 기능에 장해등급 제1급에 해당하는 장해가 남아 일상생활에 필요한 동작을 하기 위하여 항상 다른 사람의 간병이 필요한 상태이므로, 상시 간병급여 대상에 포함된다. 전문간병인이 상시 간병을 하였으므로 1일 44,760원에 해당하므로 간병급여액은 44,760원×60일=2,685,600(원)이다.

**34 ▸ ③**

③ 8명의 월평균보수 평균이 270만 원이라고 하였으므로, 이 중 월평균보수가 270만 원 이상인 근로자가 있을 수 있다. 자료에 따르면 월평균보수가 270만 원 미만인 근로자만 대상이 되므로, 근로자 8명 모두가 지원대상이 되는지는 알 수 없다.

② 지원사업에 선정되기 위해서는 사업장 요건과 근로자 요건이 모두 충족되어야 한다.

④ 신규가입자에 대해서만 지원한다고 하였다. 갑은 사회보험료를 낸 지 1년이 된 기가입자이므로 2024년 현재 지원하지 않는다.

⑤ 지원방법을 보면, 사업주가 월별보험료를 법정기한 내에 완납한 경우, 그 다음 달 보험료에서 해당 월 보험료 지원금을 뺀 나머지 금액을 고지하는 방법으로 지원한다고 하였다. 따라서, 사업주가 월별보험료를 완납하지 않은 경우 지원을 받을 수 없다.

**35 ▸ ④**

(가) 2021년 이전이므로, 기가입자인 K씨도 사회보험료 지원을 받을 수 있다. 근로자인 K씨의 고용보험료와 국민연금 부담액은 220만 원×0.009+220만 원×0.045=19,800원+99,000원=118,800원이다. 80%를 지원받을 수 있으므로 K씨는 118,800원×0.8=95,040원을 지원받을 수 있다.

(나) △△출판사 사장의 국민연금 요율은 4.5%이고, 80%의 지원금을 받을 수 있으므로 L씨에 대한 사장의 국민연금 부담비율은 요율의 20%이다.

260만 원×0.045×0.2=23,400원

따라서, 95,040+23,400=118,440원이다.

**36 ▸ ②**

갑: 현장실습생을 더 이상 사용하지 않게 된 사업주는 근로복지공단에 상실신고를 하여야 한다. 현장실습기간 이후 일반근로자로서 근로계약을 맺는 경우에도 실습생은 반드시 상실신고가 필요하다고 하였다.

정: 현장실습생을 새로이 사용한 사업주는 현장실습이 시작된 날이 속하는 달의 다음달 15일까지 근로복지공단에 현장실습생의 성명, 현장실습 시작일 등을 신고하여야 한다. 따라서 현장실습이 시작된 6월의 다음달인 7월 15일까지 신고해야 한다.

**37 ▸ ⑤**

현장실습생 산재보험료 산정 기준은 제시되어 있으나, 이것이 일반근로자의 산재보험료 산정 기준과 어떤 차이가 있는지는 명확하게 설명되어 있지 않다.

**38 ▸ ①**

근로복지공단 공공직장어린이집 중 경인권에는 10개소가 있고, 서울・강원권이 6개소이다. 강원권까지 포함해도 16개소이고 이는 전체 37개소의 절반이 되지 않으므로, '갑'의 반응은 적절하지 않다.

중소기업 밀집지 인근이나 교통 요지에 위치한 공공직장어린이집은 '거점형 공공직장어린이집'이다. 그런데, 이러한

'거점형'은 2018년부터 추진한 13개소이고, 이전에 있었던 24개의 어린이집이 몇 개나 거점형인지는 알 수 없으므로, '을'의 반응은 적절하지 않다.

**39 ▸ ④**

입소순위는 ① 부모 모두 우선지원 대상기업 근로자인 자녀, ② 부모 중 1인이 우선지원 대상기업이고 나머지 1인이 일반근로자인 자녀, ③ 부모가 모두 일반근로자인 자녀, ④ 조부모, 한부모, 다문화 가정 자녀 순이다.
따라서, ①순위에 해당하는 D어린이, ②순위에 해당하는 A어린이, ③순위에 해당하는 E어린이, ④순위에 해당하는 B어린이 순이다. C어린이는 입소 우선순위에 해당하지 않으므로 가장 마지막에 위치한다.
따라서, D–A–E–B–C 순이다.

**40 ▸ ①**

① 생활용수는 1급이며 음용 가능한 담수이다. 우선 5급수를 3급수로 정수한 후(1차 정수기), 이를 1급수로 정수하고 음용 가능 처리를 해야 하므로(3차 정수기), 3차 정수기만 사용해서는 안 된다.
② 10톤의 해수를 담수화하는 데는 해수담수화기 1대가 필요하므로 1억 원이 든다.
③ 해수를 농업용수로 바꾸기 위해서는 해수담수화기, 응집 침전기, 1차 정수기를 사용해야 한다.
④ 4급수인 담수를 농업용수로 정수하기 위해서는 중금속 제거를 위해 응집 침전기를 사용하고, 3급 이상으로 만들기 위해 1차 정수기를 사용해야 한다.
⑤ 2차 정수기의 처리용량은 3톤이므로, 20톤의 3급수를 1급수로 정수하기 위해서는 2차 정수기가 7대 설치되어야 한다.

**41 ▸ ⑤**

우선, 해수 40톤을 해수담수화기를 사용해 담수로 바꾸고, 응집 침전기를 사용해 중금속 성분을 제거한 뒤, 1차 정수기를 통해 3급수로 정수한다. 이후에는 40톤 중 생활용수로 사용할 25톤만 3차 정수기를 통해 1급수로 정수하면 된다.
해수담수화기: 처리 용량이 15톤이므로 3대가 필요하다. 1억 원×3=3억 원
응집 침전기: 처리 용량이 10톤이므로 4대가 필요하다. 8천만 원×4=3억 2천만 원
1차 정수기: 처리 용량이 5톤이므로 8대가 필요하다. 7천만 원×8=5억 6천만 원
3차 정수기: 처리용량이 3톤이므로 9대가 필요하다. 2억 원×9=18억 원
설비 설치 비용은 3억 원+3억 2천만 원+5억 6천만 원+18억 원=29억 8천만 원

**42 ▸ ②**

i) 갑은 D은행과 L은행을 이용하고 있으므로, 금리를 계산하면 아래와 같다.
D은행: 기본금리 3.1%+주택청약통장 보유 0.5%+공과금 자동이체 0.2%=3.8%
L은행: 기본금리 3.0%+주택청약통장 보유 0.5%=3.5%
D은행을 선택하고, 3.8%의 금리를 적용받는다.
ii) 을은 D, L, T 은행에서 모두 최초 거래고객이 된다. 금리를 계산하면 아래와 같다.
D은행: 기본금리 3.1%+공과금 자동이체 0.2%+은행 신용카드 실적 0.5%=3.8%
L은행: 기본금리 3.0%+최초 거래고객 0.3%=3.3%
T은행: 기본금리 3.3%+최초 거래고객 0.5%+은행 신용카드 실적 0.2%=4.0%
T은행을 선택하고, 4.0%의 금리를 적용받는다.

**43 ▸ ③**

공문의 예술제 개최 일시와 장소를 보면 연극 부문은 본부, 미술과 음악부문은 서울지역본부에서 개최된다고 쓰여 있다. 그리고 근로복지공단의 본부는 울산에 있다(공문 본문 하단에 근거 있음). 따라서 연극 무대 설치와 관련해서는 울산에 있는 본부 담당자와 연락을 해야 한다.

**44 ▸ ④**

한국미술협회 예술인 복지 담당자는 근로복지공단에서 내부 직원들을 대상으로 개최하는 문화예술제와 관련이 있다고 보기 힘들다. 만약 담당자가 있다면, 한국미술협회에는 이번 예술제를 위해 심사위원을 보내야 하므로, 대외협력이나 홍보 관련 부서에서 담당할 가능성이 있다.

**45 ▸ ③**

㉠ 6개월 이상 고용을 유지해야 요건을 충족한다. 2월 1일에 신규 고용했으므로 8월 1일 이후에 신청 가능하다.
㉢ 신규 고용한 장애인 근로자에 대해 기존 장애인 고용장려금을 신청하여 지급받은 경우 신규고용장려금 중복지원이 불가하다.
㉡ 상시근로자 수가 5~32명인 경우 1명, 33명~49명인 경우 2명까지 지원 가능하다고 하였으므로, 각각 1명과 2명으로 지원받는 근로자 수가 다르다.
㉣ 지원요건을 보면, 지원대상 사업주에서 국가와 지방자치단체, 공공기관은 제외된다.

**46 ▸ ②**

A기업은 1명, B기업은 2명까지 지원이 가능하다. 6개월 고용유지 후 신청했으므로 A기업과 B기업이 받을 수 있는 지원금액은 아래와 같다.

A기업(경증여성장애인 1명 지원금) : 270만 원
B기업(중증남성장애인 1명, 중증여성장애인 1명 지원금) :
360+480=840(만 원)
따라서, 지원금액 합은 270+840=1,110(만 원)이다.

**47 ▸ ④**

D와 G는 월, 수, 금 중 이틀 같은 날 근무해야 하는데, 수요일 오전에 E가 근무하므로, D와 G가 근무하는 요일은 월, 금이다. A와 B는 오전에만 근무하고, 같이 근무하는 날은 없으므로, 남은 화, 목, 토, 일 오전에 A 또는 B가 근무하게 된다. 이러한 일정을 표로 나타내면 다음과 같다. 따라서 F는 토, 일요일 오후에 근무하게 된다.

| | 월 | 화 | 수 | 목 | 금 | 토 | 일 |
|---|---|---|---|---|---|---|---|
| 오전 | D, G | A 또는 B | E | A 또는 B | D, G | A 또는 B | A 또는 B |
| 오후 | | | | | | F | F |

**48 ▸ ①**

2번과 3번 공의 색깔이 같다고 했으므로, 2번과 3번의 색깔을 가정해 보자.
i) 2, 3번 공이 노란색인 경우
1, 4, 5번 공이 모두 흰색이 되는데, 이는 두 번째와 네 번째 조건에 어긋난다.
ii) 2, 3번 공이 흰색인 경우
두 번째 조건에 따르면 1번 공이 흰색이면 2번과 5번 공도 흰색이다. 흰색 공은 3개라 했으므로 1번 공은 흰색이 아닌 노란색이다.
세 번째 조건에 따르면 4번 공이 노란색이면 5번 공도 노란색인데, 그렇게 되면 1번 공까지 노란색 공이 3개가 되므로 이는 문제 조건에 부합하지 않는다. 따라서 4번 공은 흰색이다. 그러므로, 1번 공과 5번 공이 노란색이다.

**49 ▸ ②**

두 번째 조건에 따르면, 7팀 중에 1번 시드에서 경기를 하는 팀은 4팀, 2번 시드에서 경기를 하는 팀은 3팀이다. 이때 D는 2번 시드에 속하므로 A와 C가 만일 2번 시드에서 1차전을 치르면, D는 당연히 나머지 팀으로서 부전승을 한다.
나머지 ①, ③, ④, ⑤는 주어진 정보로는 알 수 없다.

**50 ▸ ④**

기존 예산 총액이 4,700(백만 원)인데 개정 예산은 20% 감소했으므로 개정 예산의 총액은 4,700 × 0.8=3,760(백만 원)이 되어야 한다. 3,760(백만 원)에서 나머지 항목의 예산의 합인 3,150(백만 원)을 빼면 610(백만 원)이 된다. 610(백만 원)은 7개 항목 중 4위에 해당한다.

**51 ▸ ①**

각 도시별 월평균 운송비용과 쓰레기 수거비용을 계산하면 다음과 같다.
i) 도시별 운송비용
C시 : 85,000 + (500 × 76) = 85,000 + 38,000 = 123,000(원)
R시 : 75,000 + (400 × 85) = 75,000 + 34,000 = 109,000(원)
T시 : 90,000 + (300 × 43) = 90,000 + 12,900 = 102,900(원)
ii) 쓰레기별 수거비용

| 구분 | C시 | R시 | T시 |
|---|---|---|---|
| 비닐 | 143 × 35,000<br>= 5,005,000(원) | 106 × 35,000<br>= 3,710,000(원) | 124 × 35,000<br>= 4,340,000(원) |
| 플라스틱 | 154 × 36,000<br>= 5,544,000(원) | 166 × 36,000<br>= 5,976,000(원) | 132 × 36,000<br>= 4,752,000(원) |
| 캔, 고철 | 136 × 37,000<br>= 5,032,000(원) | 127 × 37,000<br>= 4,699,000(원) | 152 × 37,000<br>= 5,624,000(원) |

이를 모두 합산한 금액을 구하면 다음과 같다.
C시 : 123,000 + 5,005,000 + 5,544,000 + 5,032,000
= 15,704,000(원)
R시 : 109,000 + 3,710,000 + 5,976,000 + 4,699,000
= 14,494,000(원)
T시 : 102,900 + 4,340,000 + 4,752,000 + 5,624,000
= 14,818,900(원)
따라서 C시가 가장 많은 비용이 든다.

**52 ▸ ④**

우선 근무기간 점수기준에 따라 점수를 매기면 A는 60점, B는 70점, C는 80점, D는 100점, E는 90점이다.
이때, 비중을 반영해서 점수를 매기면 다음과 같다.

| 구분 | A | B | C | D | E |
|---|---|---|---|---|---|
| 입사성적 | 16 | 18 | 17 | 17 | 19 |
| 외국어성적 | 18 | 16 | 17 | 18 | 14 |
| 개인성과 | 32 | 28 | 36 | 28 | 32 |
| 근무기간 | 12 | 14 | 16 | 20 | 18 |
| 총점 | 78 | 76 | 86 | 83 | 83 |

D, E의 점수가 같으므로 근무기간이 긴 D가 승진한다.
따라서 C, D가 승진한다.

**53 ▸ ①**

바뀐 기준에 따라 점수를 매기면 아래와 같다.

| 구분 | A | B | C | D | E |
|---|---|---|---|---|---|
| 입사성적 | 16 | 18 | 17 | 17 | 19 |
| 외국어성적 | 27 | 24 | 25.5 | 27 | 21 |
| 개인성과 | 40 | 35 | 45 | 35 | 40 |
| 총점 | 83 | 77 | 87.5 | 79 | 80 |

따라서 총점이 높은 C와 A가 승진한다.

**54 ▸ ⑤**

단가와 1벌당 인쇄비용의 합이 가장 낮은 업체부터 검토한다. A는 9,300원, B는 9,600원, C는 9,900원 D는 9,800원, E는 9,700원이므로 A－B－E－D－C 순으로 검토한다.

생산은 11일부터 시작하고, 17일에는 완료되어야 18일에 받을 수 있다.

A업체: 재고가 240벌이므로 760벌을 생산해야 하고, 하루에 110벌을 생산하므로 7일이 소요된다. 토, 일요일에 쉬어서 생산은 21일에 끝나므로 주문할 수 없다.

B업체: 재고가 450벌이므로 550벌을 생산해야 하고, 하루에 90벌을 생산하므로 7일이 소요된다. 일요일에 쉬어서 생산은 18일에 끝나므로 주문할 수 없다.

E업체: 재고가 180벌이므로 820벌을 생산해야 하고, 하루에 160벌을 생산하므로 6일이 소요된다. 12일은 둘째주 토요일이라 쉬지 않고, 13일 일요일만 쉬므로 17일까지 생산을 끝낼 수 있고, 18일에 받을 수 있다.

비용이 저렴한 업체부터 검토하고 있었으므로, 조건을 충족한 이상 C와 D는 확인할 필요가 없다.

**55 ▸ ②**

A구 － 전문성이 뛰어난 인재: 가, 나, 다

B구 － 침착성이 뛰어난 인재: 가, 마, 바

C구 － 필기시험이 높고 근면한 인재: (가, 다, 바) ∩ (라, 마, 바) ＝ 바

D구 － 활동성은 떨어져도 침착하고 근면한 인재: (가, 마, 바) ∩ (라, 마, 바) ＝ 마, 바

→ 활동성 순위는 낮아도 상관이 없으므로 선발 기준과 무관하다.

E구 － 사회성이 우수하며 활동적인 인재: (가, 나, 다) ∩ (나, 다, 라) ＝ 나, 다

F구 － 전문성이 뛰어나며 침착하고 필기시험 성적이 우수한 인재: (가, 나, 다) ∩ (가, 마, 바) ∩ (가, 다, 바) ＝ 가

따라서 '가'와 '바'가 각각 3곳의 지역구에서 선호하는 인재이므로 2명의 인원이 선발된다.

**56 ▸ ③**

전체 업무 총량을 구할 필요 없이 개선안이 얼마나 시간을 단축할 수 있는지만 확인하면 된다.

i) 개선안 1

F가 검토할 일이 하나 줄어들지만 J의 검토시간이 늘어나므로 검토시간에는 영향이 없다. 대신 이중실선 전달과정 하나가 빠지므로 기존 대비 20분을 절약할 수 있다.

마찬가지로 G－J를 G－N으로 바꾸면 검토시간은 변동 없이 실선 전달과정 하나가 빠지므로 10분을 절약할 수 있다.

따라서 총 30분이 절약된다.

ii) 개선안 2

C－H를 C－M으로 바꾸면 H 대신 M에게 보고하는 것이므로 검토시간은 변하지 않고, 점선 전달과정이 하나 빠지게 되어 15분이 절약된다.

D－E를 D－M으로 바꾸면 위와 마찬가지로 실선 전달과정이 하나 빠지게 되어 10분이 절약된다.

따라서 총 25분이 절약된다.

**57 ▸ ②**

1주일간 전체 홍보상품은 4,600세트가 필요하다. 홍보상품을 구성하는 각 품목별로 1세트에 들어가는 개수를 곱한 후 현재 재고량을 빼면 구매할 수량이 된다.

펜: 4,600 × 3 － 5,300＝8,500(개)

수첩: 4,600 × 1 － 2,500＝2,100(개)

점착메모지: 4,600 × 2 － 3,400＝5,800(개)

미니초콜릿: 4,600 × 5 － 0＝23,000(개)

이때 미니초콜릿은 25개가 1봉지이므로 23,000÷25＝920(봉지)를 구매해야 한다.

**58 ▸ ③**

각 업체의 부가가치세 포함 가격을 확인하면 다음과 같다.

| 구분 | A업체 | B업체 | C업체 | D업체 | E업체 |
|---|---|---|---|---|---|
| 컴퓨터 | 2,310,000원 | 1,905,500원 | 2,120,000원 | 1,814,400원 | 2,255,000원 |
| 의자 | 840,000원 | 669,500원 | 424,000원 | 594,000원 | 770,000원 |
| 책상 | 1,470,000원 | 927,000원 | 1,378,000원 | 1,134,000원 | 880,000원 |
| 태블릿 | 178,500원 | 144,200원 | 265,000원 | 324,000원 | 231,000원 |

i) 먼저 컴퓨터에 포장 운송 옵션을 추가하여 각 업체의 가격을 확인하면 다음과 같다.

A업체 : 2,310,000 ＋ 30,000 ＝ 2,340,000(원)

B업체 : 1,905,500 ＋ 15,000 ＝ 1,920,500(원)

C업체 : 2,120,000 ＋ 20,000 ＝ 2,140,000(원)

D업체 : 1,814,400 ＋ 10,000 ＝ 1,824,400(원)

E업체 : 2,255,000 ＋ 15,000 ＝ 2,270,000(원)

따라서 컴퓨터는 D업체를 선택하고 그 가격은 1,824,400 × 8 ＝ 14,595,200(원)이다.

ii) 의자의 경우는 각 업체의 재고가 10개이므로 저렴한 업체 세 곳을 선택하여야 한다. 따라서 B, C, D업체를 선택하고 그 가격은 669,500 × 4 ＋ 424,000 × 10 ＋ 594,000 × 10 ＝ 12,858,000(원)이다.

iii) 책상의 경우 가장 저렴한 업체로 E업체를 선택하고 그 가격은 880,000 × 6 ＝ 5,280,000(원)이다.

iv) 마지막으로 태블릿에 반포장 운송 옵션을 추가하여 각 업체의 가격을 확인하면 다음과 같다.

A업체: 178,500 ＋ 7,000 ＝ 185,500(원)

B업체: 144,200 ＋ 12,000 ＝ 156,200(원)

C업체: 265,000 ＋ 8,000 ＝ 273,000(원)

D업체: 324,000 ＋ 15,000 ＝ 339,000(원)

E업체: 231,000 ＋ 12,000 ＝ 243,000(원)

따라서 태블릿은 B, A 업체를 선택하고 그 가격은 156,200 × 10 ＋ 185,500 × 2 ＝ 1,933,000(원)이다.

따라서 총비용은 14,595,200 + 12,858,000 + 5,280,000 + 1,933,000 = 34,666,200(원)이다.

**59 ▸ ①**

앞서 컴퓨터는 D업체를 선택한다고 하였고 D업체의 선호도는 9점이므로 그대로 D업체를 선택하며 그 가격은 앞선 문제와 동일하다.
의자의 경우 B, C, D 업체를 선택한다고 하였으나 C업체는 선호도가 6점이므로 A, B, D 업체를 선택하여야 한다.
그러므로 840,000 × 4 + 669,500 × 10 + 594,000 × 10 = 15,995,000(원)이다.
책상의 선호도 점수가 5점인 업체는 B업체뿐이다. 그러므로 그 가격은 927,000 × 6 = 5,562,000(원)이다.
태블릿의 가격은 앞선 문제와 동일하다.
따라서 발생한 총비용은 14,595,200 + 15,995,000 + 5,562,000 + 1,933,000 = 38,085,200(원)이다.
이에 따라 앞서 구한 최소 비용과의 차이는 38,085,200 − 34,666,200 = 3,419,000(원)이다.

**60 ▸ ②**

② 기본요금은 1,100원이고, 정차 체감비용은 지하철역 정차 15번→7.5분이므로 7.5분 × 150원=1,125(원)이다. 따라서 총 2,225원이다.
① 기본요금은 1,450원이고, 정차 체감비용은 신호대기 7번→7분, 정류소 정차 20번→10분, 총 17분이므로 1,700원이다. 따라서 총 비용은 3,150원이다.
③ 버스 − 지하철 환승의 경우 비싼 요금이 기본요금이므로 기본요금은 1,450원이다. 정차 체감비용은 버스를 탔을 때, 신호대기 4번→4분(버스는 7번 신호대기를 하는데, 환승 이후 신호대기가 3번이므로 환승 이전 신호대기는 4번이다), 정류소 정차 14번→7분, 총 11분이므로 1,100원이다. 지하철의 정체 체감비용은 지하철역 정차 6번→3분이므로 450원이다. 환승 체감비용은 200원이다. 따라서 모두 합하면 3,200원이다.
④ 지하철 − 버스 환승의 경우 기본요금은 1,450원이다. 지하철을 탔을 때 정차 체감비용은 지하철역 정차 8번→4분이므로 600원이다. 버스를 탔을 때 정차 체감비용은 신호대기 3번→3분, 정류소 정차 5번→2.5분, 총 5.5분이므로 550원이다. 환승 체감비용은 200원이다. 따라서 모두 합하면 2,800원이다.
⑤ 지하철의 기본요금이 1,100원이고 택시의 기본요금이 2,800원이므로 최소 3,900원이 필요하다. 이는 앞의 4가지 경우보다 비싸므로 정차비용 등은 계산할 필요가 없다.

**61 ▸ ②**

② 지하철 이동: 9개 지하철역→9km→13.5분, 정차 8번→4분
택시 이동: 4km→4분, 신호대기 1번→1분
환승시간이 5분이므로 총 27.5분이 소요된다.
① 버스 이동: 15개 정류장→7.5km→15분, 정차 14번→7분, 신호대기 4번→4분
택시 이동: 4km→4분, 신호대기 1번→1분
환승시간이 5분이므로 총 36분이 소요된다.
③ 버스 이동: 15개 정류장→7.5km→15분, 정차 14번→7분, 신호대기 4번→4분
지하철 이동: 7개 지하철역→7km→10.5분, 정차 6번→3분
환승시간이 5분이므로 총 44.5분이 소요된다.
④ 지하철 이동: 9개 지하철역→9km→13.5분, 정차 8번→4분
버스 이동: 6개 정류소→3km→6분, 정차 5번→2.5분
환승시간이 5분이므로 총 31분이 소요된다.
⑤ 15km를 이동하므로 15분, 정차 5번이므로 5분, 총 20분이 소요된다. 그러나 환승을 하지 않는 방법이므로 정답이 될 수 없다.

**62 ▸ ④**

중요도에 따라 점수를 매기면 점수는 다음과 같다.

| 기준 | A사 제품 | B사 제품 | C사 제품 |
|---|---|---|---|
| A3 파쇄 가능 | 2 | 0 | 2 |
| 안전성 인증 획득 | 0 | 1 | 1 |
| a/s 2년 보장 | 0 | 3 | 0 |
| 1분에 30장 이상 파쇄 | 4 | 0 | 4 |
| 총합 | 6 | 4 | 7 |

**63 ▸ ③**

C파쇄기는 1분에 35장을 파쇄하므로 7,000장을 파쇄하는 데 걸리는 시간은 $\frac{7,000}{35}$=200(분), 즉 3시간 20분이다.

**64 ▸ ⑤**

경유 가격은 1,440원의 $\frac{3}{4}$이므로 1,080원이다.
왕복거리인 840km를 주행하는 데 드는 연료비를 구할 수도 있지만, 연비표와 휘발유/경유 가격을 이용해 1km를 주행하는 데 드는 연료비를 구하는 것이 간단하다.
차종별로 1km를 주행하는 데 필요한 연료의 양과 연료비를 구하면 다음과 같다.

| 구분 | 갑 | 을 | 병 | 정 | 무 | 기 |
|---|---|---|---|---|---|---|
| 연료량 | 1/16ℓ | 1/15ℓ | 1/24ℓ | 1/12ℓ | 1/20ℓ | 1/18ℓ |
| 연료비 | 1,080/16 | 1,440/15 | 1,440/24 | 1,080/12 | 1,080/20 | 1,440/18 |
| | 67.5원 | 96원 | 60원 | 90원 | 54원 | 80원 |

따라서 무 차량을 이용할 때 연료비가 가장 적게 든다. 실제로는 휘발유 차량 중 연비가 가장 좋은 병과 경유 차량 중 연비가 가장 좋은 무 두 차종만 비교해야 시간을 단축할 수 있다.
제시된 거리는 누적 거리이므로 G지점까지 왕복하는 총 이동거리는 840km이고, 연료비는 840km×54원=45,360(원)이다.

## 65 ▸ ③

휘발유 차량 중 연비가 가장 좋은 차량인 병을 선택해야 한다.
휘발유 가격이 5% 상승했으므로 1,512원이다.
예산이 45,000원이므로 45,000원/ℓ÷1,512원 ≒ 약 29.76(ℓ)를 주유할 수 있다.
반올림하여 30ℓ를 주유한다고 하더라도 720km까지만 운행할 수 있으므로 F까지는 가지 못하고 E까지 방문한 후 복귀해야 한다.
각 지점을 반환점으로 삼았을 때 총 이동거리는 다음과 같다.

| A | B | C | D | E | F | G |
|---|---|---|---|---|---|---|
| 100km | 190km | 370km | 490km | 660km | 810km | 840km |

## 66 ▸ ⑤

각 항목별로 점수를 부여해 종합하면 다음과 같다.

| 구분 | 거리 | 숙박 업소 | 숙박비 | 긍정적 후기 | 레포츠 시설 | 점수 합계 |
|---|---|---|---|---|---|---|
| 가 | 3 | 3 | 4 | 2 | 1 | 13 |
| 나 | 4 | 4 | 2 | 4 | 0 | 14 |
| 다 | 1 | 3 | 3 | 5 | 0 | 12 |
| 라 | 2 | 2 | 5 | 1 | 1 | 11 |
| 마 | 5 | 4 | 1 | 3 | 1 | 14 |

나와 마의 점수가 같은데, 점수가 같은 경우 가까운 곳을 선정하므로 '마'가 선정된다.

## 67 ▸ ①

위 66번 문제 해설의 숙박업소 항목과 레포츠 시설 항목 점수를 다시 부여하고, 가점을 추가 부여하여 점수를 다시 계산하면 다음과 같다.

| 구분 | 거리 | 숙박 업소 | 숙박비 | 긍정적 후기 | 레포츠 시설 | 가점 | 점수 합계 |
|---|---|---|---|---|---|---|---|
| 가 | 3 | 5 | 4 | 2 | 3 | 2 | 19 |
| 나 | 4 | 4 | 2 | 4 | 0 | 2 | 16 |
| 다 | 1 | 5 | 3 | 5 | 0 | 0 | 14 |
| 라 | 2 | 2 | 5 | 1 | 3 | 0 | 13 |
| 마 | 5 | 4 | 1 | 3 | 3 | 2 | 18 |

점수합계가 가장 높은 '가'가 선정된다.

## 68 ▸ ④

㉠ 가장 빠른 시간에 출발하더라도 지사 출발(09:30)→터미널 도착(09:59)→10시 버스 탑승→14시 20분 울산터미널 도착이므로 14시 30분까지 본사에 도착할 수 없다.
㉡ KTX 출발(11:05)→울산역 도착(13:18)→점심식사 후 출발(13:48)→본사 도착(14:36)이므로 시간 안에 도착할 수 없다.
㉢ 지사 출발(09:30)→공항 도착(10:12)이므로 10시 비행기는 이용할 수 없고 13시 비행기를 이용한다. 12시 이후 출발이므로 울산에서 점심식사를 할 필요가 없으므로, 13시 55분에 울산공항에 도착해 버스를 타고 이동하면 14시 19분에 본사에 도착할 수 있다.
㉣ ㉠과 마찬가지로 아무리 빨리 고속버스를 타더라도 제시간에 도착할 수 없다.
㉤ ㉡과 마찬가지로 KTX를 타고 13시 18분에 울산에 도착해 점심식사를 하고 13시 48분에 택시를 타고 출발하면 14시 18분에 본사에 도착할 수 있다.

## 69 ▸ ⑤

고속버스 : 서울고속버스터미널 출발(06:00)→울산고속버스터미널 도착(10:20)→택시 탑승(15분)→본사 도착(10:35)이다.
KTX : 용산역 출발(05:30)→울산역 도착(07:43)→택시 탑승(30분)→ 본사 도착(08:13)이다.
비행기 : 김포공항 출발(07:00)→울산공항 도착(07:55)→택시 탑승(13분)→ 본사 도착(08:08)이다.
따라서, 박 과장이 이용할 수 있는 교통수단은 KTX 또는 비행기이며, 가장 빠른 본사 도착시각을 바르게 연결한 것은 ⑤이다.

## 70 ▸ ④

공공기관 할인까지 적용한 가격은 다음과 같다.

| 구분 | A사 | B사 | C사 | D사 | E사 |
|---|---|---|---|---|---|
| 가격 | 210만 원 | 200만 원 | 252만 원 | 176만 원 | 204만 원 |
| 가격순위 | 4위 | 2위 | 5위 | 1위 | 3위 |

점수표 기준에 따라 항목별 점수를 도출하면 다음과 같다.

| 구분 | A사 | B사 | C사 | D사 | E사 |
|---|---|---|---|---|---|
| 가격 | 4 | 8 | 2 | 10 | 6 |
| 복사속도 | 10 | 6 | 6 | 4 | 4 |
| 내구성 | 6 | 2 | 10 | 6 | 2 |
| 총점 | 20 | 16 | 18 | 20 | 12 |

총점이 가장 높은 것은 A사와 D사이고 이 중 가격이 저렴한 D사 제품을 선택한다.

# 제2회 직업기초능력평가

| | | | | |
|---|---|---|---|---|
| 01. ④ | 02. ② | 03. ① | 04. ② | 05. ⑤ |
| 06. ⑤ | 07. ③ | 08. ① | 09. ④ | 10. ⑤ |
| 11. ③ | 12. ④ | 13. ② | 14. ④ | 15. ⑤ |
| 16. ⑤ | 17. ③ | 18. ③ | 19. ③ | 20. ③ |
| 21. ③ | 22. ⑤ | 23. ② | 24. ④ | 25. ② |
| 26. ④ | 27. ③ | 28. ⑤ | 29. ③ | 30. ④ |
| 31. ③ | 32. ④ | 33. ⑤ | 34. ② | 35. ④ |
| 36. ③ | 37. ① | 38. ④ | 39. ⑤ | 40. ④ |
| 41. ① | 42. ③ | 43. ① | 44. ③ | 45. ④ |
| 46. ② | 47. ⑤ | 48. ⑤ | 49. ④ | 50. ④ |
| 51. ③ | 52. ① | 53. ② | 54. ③ | 55. ③ |
| 56. ① | 57. ④ | 58. ④ | 59. ② | 60. ③ |
| 61. ⑤ | 62. ⑤ | 63. ① | 64. ⑤ | 65. ③ |
| 66. ⑤ | 67. ② | 68. ③ | 69. ④ | 70. ① |

**01 ▸ ④**

㉠ 주요우울장애의 유병률은 18~29세 집단이 60세 이상 집단보다 3배 이상 높다.

**02 ▸ ②**

② 근로복지기금 지원사업은 중소기업 근로자를 대상으로 한 것으로 대기업 근로자를 대상으로 한 것이 아니다. 다만 대기업이 중소기업인 협력업체 근로자 복지를 위해 자금을 지원하는 경우에 매칭 지원한다.
① 조사에 따르면, 30인 미만 사업장 근로자의 월평균 복지비용은 12만 7천 원으로 300인 이상 사업장 근로자의 월평균 복지비용 43만 4천 원의 3분의 1 미만이다.
③ 대기업 A사가 공동근로복지기금에 4억 원을 출연하는 경우 최대 4억 원이 매칭·지원되어 총 8억 원이 참여기업 근로자에게 지원된다는 예시가 제시되었다. 따라서, 2억 원을 출연하는 경우 최대 2억 원이 매칭·지원되어 총 4억 원이 참여기업 근로자에게 지원된다.
④ 2025년 근로복지기금 지원사업 예산액은 전년도에 비해 28.3% 늘어났다.
⑤ 2024년 기준 근로복지기금 지원사업으로 복지 혜택을 받은 중소기업 근로자는 123만 4천여 명이다.

**03 ▸ ①**

근로복지기금 지원사업은 대기업에 비해 열악한 중소기업 근로자의 복지수준 향상을 위한 사업이라고 하였으므로 답은 ①이다.

**04 ▸ ②**

㉠ 행정정보 공동이용 및 공공마이데이터 정보 제공 동의 절차를 거치면 별도의 증명서류를 제출할 필요가 없다고 하였다. 절차 없이 바로 신청할 수 있는 것은 아니다.
㉣ 기존의 생활안정자금 융자는 연 이율 1.5%이고, 생활안정자금 이차보전 융자는 저금리로 대출을 받을 수 있도록 이차보전 방식으로 융자를 지원해 준다. 생활안정자금 이차보전 융자 이자 예시로 금리가 5.8%인 경우, 공단에서 3%를 지원하고 근로자는 2.8%에 해당하는 이자만 부담하면 된다고 하였으나, 이는 예시에 나온 수치이고 금융기관의 금리에 따라 달라진다.

**05 ▸ ⑤**

2025년의 생활안정자금 이차보전 융자 사업에 대해서만 제시되어 있다. 2026년 사업에 대한 정보는 제시되어 있지 않다.

**06 ▸ ⑤**

⑤ 완성도 35%, 홍보효과성 35%, 창의성 30%의 비중으로 평가하므로 완성도와 홍보효과성의 비중이 동일하다. 완성도를 가장 중요하게 평가한다고 할 수 없다.

**07 ▸ ③**

㉢ 선정되었을 경우 아이디어 소유권 등이 공단에 귀속된다. 제출한 모든 영상의 권리가 공단에 귀속되는 것은 아니다.

**08 ▸ ①**

① 취미 활동반은 진폐입원 산재근로자가 대상이다.
② 입원 중인 산재근로자이기 때문에 희망 찾기 프로그램을 지원받을 수 있다.
③ 요양 중인 산재근로자이기 때문에 심리상담 서비스를 지원받을 수 있다.
④ 요양 중인 산재근로자이기 때문에 심리상담 서비스를 지원받을 수 있다.

⑤ 2년 이상 통원 요양을 하고 있으므로 사회 적응 프로그램을 지원받을 수 있다.

**09 ▸ ④**

④ 진폐입원 산재근로자가 10명 이상인 의료기관에 대해 비용 지원을 하여 취미 활동비를 지원받는다.

**10 ▸ ⑤**

3문단을 보면, 회전을 하다가 갑자기 멈추더라도 림프액의 움직임은 잠시 동안 지속되고, 이때 섬모들도 림프액과 동일한 방향으로 휘어지게 되며, 이러한 섬모들의 움직임은 뇌로 송출하는 전기적 신호를 변화시킨다고 하였다.

**11 ▸ ③**

산재보험이 단순 보험이 아닌 사회안전망으로서, 사회보장 보험의 개념으로 잘 작동하기 위해서는 노동 동기 부여와 사회보장제도 발전이 함께 이루어져야 한다. 이를 잘 나타낸 것은 ③이다.
① 제시문 첫 번째 문단의 중심내용이다.
②④⑤ 제시문 두 번째 문단 내용의 일부를 나타내고 있다.

**12 ▸ ④**

① 일시금 형태가 엄격하게 관리되고 있다.
② 직접적인 급여약속은 직접약속으로 구분된다.
③ 직접보험은 사용자가 근로자를 위해 체결하는 생명보험이다.
⑤ 근로자 연령 만 25세, 급여 약속기간 5년 이상일 때 보장한다.

**13 ▸ ②**

㉡ 대법원의 판결은 진폐 및 합병증으로 요양이 결정된 진폐 근로자들을 대상으로 한 것이다. 이는 진폐의 상병 특성상 치료효과를 더 이상 기대할 수 없어 증상이 고정되었다고 볼 수 있기 때문이라고 하였다. 다른 산재노동자들에게도 이러한 결정(요양이 끝나기 전 장해급여를 받는 것)이 가능해졌다고 말할 수는 없다.
㉢ 광업 사업장에서 직접분진에 노출되었던 진폐 근로자의 경우, 장해위로금을 추가로 지급받을 수 있다. 다만, 진폐보상부에 장해급여 청구서를 제출하면서 장해위로금 지급 신청서를 함께 제출해야 한다고 하였으므로, 추가 신청 없이 지급받을 수 있는 것은 아니다.

**14 ▸ ④**

뉴런의 활성화 유형을 수식으로 나타내는 것이 불가능에 가까운 것은 맞지만, 그림으로 나타내는 경우가 많다는 설명은 틀리다. 이 글에서는 그림으로 나타내는 것 역시 불가능에 가깝지만 그것이 가능하다고 상상해 보자고 하고 있다.

**15 ▸ ⑤**

제시된 글은 뇌의 신경세포가 분열할 능력이 있음에도 불구하고 교세포가 방해 물질을 내어 분열과 재생을 가로막는 시스템으로 진화해 온 이유를 설명하고 있다.

**16 ▸ ⑤**

⑤ 간병이나 간호 지식이 부족한 비전문적 간병인에 의해 야기될 수 있는 문제는 가족 간병인도 예외일 수 없음을 언급하는 것이 자연스럽다.

**17 ▸ ③**

① 소득 감소 사실 확인서와 직전년도 소득증빙자료는 공통 제출서류이므로 반드시 제출해야 한다.
② '1. 융자개요'를 보면, 개인사정 또는 경영상 이유로 휴업 휴직이 신고된 경우에도 융자를 받을 수 있다.
④ 근로자가 없는 1인 자영업자의 경우, 융자신청일 기준 중소기업사업주 산재보험 가입기간이 3개월 이상이면 신청 대상이다.
⑤ 1차 선발로 예비선정을 하고 7일 이내에 구비서류를 제출하고 최종결정된다.

**18 ▸ ③**

③ 과태료를 부과한다는 것은 제시되어 있지 않은 내용이다. 의료기관이 기한 내 환불하지 아니할 경우 공단은 의료기관에 지급할 진료비에서 과다본인부담금을 공제하고 산재근로자에게 지급한다.

**19 ▸ ③**

③ 불길 속을 통과할 때는 물을 적신 담요나 수건 등으로 몸과 얼굴을 감싼다.

**20 ▸ ③**

제시문은 유전자 특허가 용인될 수 있다고 전제하고 있다. 유전자 특허 반대론자들의 주장을 반박하면서, 유전자가 자연으로부터 분리・정제되어 다른 용도로 가공된다면 특허권을 부여할 수 있다고 주장하고 있다.

**21 ▸ ③**

㉠ 초등학교의 연간 사교육비의 전년 대비 증가율은 다음과 같다.

2017년 : $\frac{85,433-82,346}{82,346}\times 100 ≒ 4(\%)$

2018년 : $\frac{87,445-85,433}{85,433}\times 100 ≒ 2(\%)$

2019년 : $\frac{89,046-87,445}{87,445}\times 100 ≒ 2(\%)$

2020년 : $\frac{96,077-89,046}{89,046}\times 100 ≒ 8(\%)$

따라서 줄었다가 다시 증가하고 있다.

㉣ 학교급별 사교육 참여율의 전년 대비 증감률은

2017년 : $\frac{49.4-48.9}{48.9}\times 100 ≒ 1.0(\%)$

2018년 : $\frac{52.5-49.4}{49.4}\times 100 ≒ 6.3(\%)$

2019년 : $\frac{|49.1-52.5|}{52.5}\times 100 ≒ 6.5(\%)$

2020년 : $\frac{50.2-49.1}{49.1}\times 100 ≒ 2.3(\%)$

따라서 2019년의 증감률이 가장 크다.

**22 ▸ ⑤**

⑤ 전년 대비 세계 의료기기 수입액의 증가율이 가장 큰 의료기기는 A$\left(\frac{456,344-325,464}{325,464}\times 100 ≒ 40\%\right)$이고, 두 번째는 G$\left(\frac{35,331-32,330}{32,330}\times 100 ≒ 9\%\right)$, 세 번째는 D$\left(\frac{478,955-453,400}{453,400}\times 100 ≒ 6\%\right)$이다.

① 2024년 C의료기기 수출액은 전년 대비 $\frac{34,280-40,107}{40,107}\times 100 ≒ -14.5(\%)$, 약 15% 감소하였다.

② 2023년 우리나라에서 가장 많이 수출한 의료기기는 A이고 A의 수출액은 전체 세계 수입액의 $\frac{62,916}{325,464}\times 100 ≒ 19.3(\%)$로, 약 19%에 해당한다.

③ 2024년 우리나라 수출액이 가장 높은 의료기기 3개는 A, B, C이고 그 합은 $62,228+40,637+34,280=137,145$(백만 불)이므로 1,300억 불 이상이다.

④ 2024년 우리나라의 전체 의료기기 수출액은 $\frac{242,910-269,044}{269,044}\times 100 ≒ -9.7(\%)$로, 전년 대비 약 10% 감소하였다.

**23 ▸ ②**

빈칸의 값을 구하면 다음과 같다.

㉠ : 222.9−85.0−77.0=60.9(점)

㉡ : 270.0−90.0−92.0=88.0(점)

㉢ : 중앙값이므로 45.0점

㉣ : 150.0−28.0−65.0=57.0(점)

㉤ : 135.0−35.0−50.0=50.0(점)

㉥ : 159.9−40.0−70.0=49.9(점)

㉦ : 213.0−71.0−71.0=71.0(점)

㉧ : 210.9−65.0−61.0=84.9(점)

㉨ : 중앙값이므로 64.0점

㉩ : $\frac{52.4+66.7+74.0}{3} ≒ 64.4$(점)

따라서 빈칸의 값의 합은 60.9+88.0+45.0+57.0+50.0+49.9+71.0+84.9+64.0+64.4=635.1이다.

**24 ▸ ④**

㉠ 중앙값은 5등 학생의 점수이므로 중앙값이 평균값보다 작거나 같으면 평균 이하의 점수를 받은 학생이 5명 이상이 된다. 국어, 영어, 수학의 중앙값이 모두 평균값보다 작거나 같으므로 옳은 설명이다.

㉡ 국어 상위 2명은 B, C, 영어 상위 2명은 A, B, 수학 상위 2명은 B, I이다. 따라서 1등급을 받은 주요과목 수가 1개 이상인 학생은 A, B, C, I 4명이다.

㉢ 학생 D의 영어 점수는 57.0점, 수학 점수는 65.0점으로 점수가 서로 바뀌면 영어 과목의 평균이 높아지게 된다.

㉣ 국어의 최고점수는 88점, 최저점수는 28점으로 60점 차이가 나고, 영어의 최고점수는 90.0점, 최저점수는 49.9점으로 40.1점 차이가 나며, 수학의 최고점수는 92.0점, 최저점수는 50.0점으로 42.0점 차이가 난다. 따라서 최고점수와 최저점수의 차이가 가장 작은 주요과목은 영어이다.

**25 ▸ ②**

② 2024년 축구 연간 관중 수를 $X$로 가정하고 구하면,

$34.9=\frac{X}{33314}\times 100$

$X=0.349\times 33,314=11,626.586$(천 명)이고,

2024년 야구 연간 관중 수를 $Y$로 가정하고 구하면,

$65.7=\frac{Y}{19450}\times 100$

$Y=0.657\times 19,450=12,778.65$(천 명)이다.

따라서 야구 연간 관중 수가 더 많다.

① 2020년부터 2022년까지 야구 연간 관중 수는 연간 경기장 수용 규모가 동일하므로 관중수용률과 비례한다. 따라서 2020년부터 2022년까지 관중수용률이 매년 증가하므로 연간 관중 수도 매년 증가한다.

**26 ▸ ④**

㉢ 월별 라면 총생산량은 6월 12,373만 개, 7월 18,069만 개, 8월 27,368만 개, 9월 26,354만 개, 10월 17,381만 개, 11월 14,046만 개로 8월 이후 매월 감소하고 있다.

㉣ 6월의 생산량 순위는 유탕면−호화건면−숙면 순이고,

허가제품 순위는 유탕면－호화건면－숙면으로 생산량이 많은 품목일수록 허가제품 수도 많다.
㉠ 전월 대비 유탕면을 사용한 라면의 온라인 가격 감소율은 다음과 같다.

7월 : $\frac{2,170-1,540}{2,170}\times 100 ≒ 29.0(\%)$

8월 : $\frac{1,540-1,306}{1,540}\times 100 ≒ 15.2(\%)$

9월 : $\frac{1,306-1,027}{1,306}\times 100 ≒ 21.4(\%)$

10월 : $\frac{1,027-871}{1,027}\times 100 ≒ 15.2(\%)$

11월 : $\frac{871-798}{871}\times 100 ≒ 8.4(\%)$

전월 대비 호화건면을 사용한 라면의 온라인 가격 감소율은 다음과 같다.

7월 : $\frac{1,037-856}{1,037}\times 100 ≒ 17.5(\%)$

8월 : $\frac{856-675}{856}\times 100 ≒ 21.1(\%)$

9월 : $\frac{675-608}{675}\times 100 ≒ 9.9(\%)$

10월 : $\frac{608-572}{608}\times 100 ≒ 5.9(\%)$

11월 : $\frac{572-546}{572}\times 100 ≒ 4.5(\%)$

따라서 전월 대비 유탕면을 사용한 라면의 온라인 가격 감소율이 가장 큰 달은 7월, 호화건면을 사용한 라면의 온라인 가격 감소율이 가장 큰 달은 8월로 같지 않다.
㉡ 제조업체당 평균 라면 생산량은 6월이 $\frac{12,373}{238} ≒ 52.0$(만 개), 11월이 $\frac{14,046}{839} ≒ 16.7$(만 개)이다. 따라서 11월이 6월의 $\frac{16.7}{52.0}\times 100 ≒ 32.1(\%)$로 40%를 넘지 않는다.

27 ▸ ③

③ 2019년에 학대사례건수가 전년보다 소폭 감소하여야 하는데(251건 → 246건) 그래프상에서는 증가하였으므로 주어진 보고서 내용과 부합하지 않는다.

28 ▸ ⑤

⑤ D에 들어갈 숫자는 99,859,115,760으로 2023년에 비해 증가하였다.
① A에 들어갈 숫자는 35,276이고 B에 들어갈 숫자는 36,816이므로 증가하고 있다.
② 2022년에는 치과병원에 입원한 수급자가 집계되지 않으므로 없었다고 볼 수 있다.
③ C에 들어갈 숫자는 28,991이므로 2024년 병원의 입원 수급자 수는 전체 입원 수급자 수의 $\frac{28,991}{81,570}\times 100 ≒ 35.5(\%)$이다.
④ 2022년에는 $\frac{281,259,930}{1,559,267,640}\times 100 ≒ 18(\%)$, 2023년에는 $\frac{408,032,520}{1,521,694,630}\times 100 ≒ 27(\%)$, 2024년에는 $\frac{470,371,010}{1,283,308,670}\times 100 ≒ 37(\%)$로 점점 증가한다.

29 ▸ ③

㉢ 4대 중증질환은 암, 심장질환, 뇌혈관질환, 희귀난치성질환으로 중증화상은 포함되지 않는다.

30 ▸ ④

④ 2021년 대비 2024년 가구당 평균 가구원수는 0.2명 감소하였고, 가구당 민영생명보험 평균 가입건수는 3.7건으로 0.6건 감소하였다. 이는 2012년도 이후 가장 큰 감소폭이다.
① 30 ~ 50대는 보험가입률이 80% 후반일 정도로 높으므로 이 세대를 위한 상품에 투자해야 한다고 보기는 어렵다.
② 50대 가구주의 민영생명보험 가입률은 증감을 반복하고 있다.
③ 가입자 비율이 감소한 가구주 연령대는 20대, 30대, 50대이고, 40대와 60세 이상은 오히려 증가하였다.
⑤ 2012년 이후 가구당 평균 가입건수는 증가하였다가 다시 감소하는 추세를 보이고 있다.

31 ▸ ③

③ 사업주부담금 비율은 1998년 2/1,000으로 가장 높았으나, 이후 상승과 하강을 반복하고 있어 비율이 계속 낮아졌다고 할 수 없다.

32 ▸ ④

㉡ 퇴직일의 다음날인 6월 1일부터 1년 이내에 진정 등을 제기하지 않았으므로, 간이대지급금을 받을 수 없다.
㉣ 소송 제기일이 2023년 4월 1일로, 퇴직일의 다음 날인 2021년 3월 31일부터 2년 이내가 아니므로, 간이대지급금을 받을 수 없다.
㉠ 근로자의 월평균임금이 400만 원 미만인 경우 대한법률구조공단의 무료법률구조지원을 통해 소송이 가능하다.
㉢ 사업주가 근로자 병의 퇴직일까지 6개월간 사업을 영위했으므로, 사업주요건에 부합한다.

33 ▸ ⑤

㉢ 판결등 확정일이 2023년 8월 31일인 경우 청구기한은 1년 이내인 2024년 8월 30일이다.
㉣ 체불임금등·사업주확인서는 지방고용노동관서에서, 확정판결문 등 집행권원은 법원에서 발급받는다.

㉠ 체불 임금은 최대 700만 원까지, 체불 퇴직금도 최대 700만 원까지 받을 수 있으나, 이를 합한 총 지급금의 상한액은 1,000만 원이다.
㉡ 2020년 8월 24일부터 온라인 접수도 가능하다고 하였다.

**34 ▸ ②**

② 무선식별장치의 훼손 및 분실 등으로 무선식별장치를 재삽입하거나 재부착하는 경우 동물등록번호를 다시 부여받아야 한다.
① 외국에서 등록된 등록대상동물은 해당 국가에서 부여된 동물등록번호를 사용한다. 다만, 호환되지 않는 번호체계인 경우에 동물등록번호를 부여한다고 하였다.
③ 무선식별장치의 개체식별코드는 검역본부장이 공급업체별로 배정한다.
④ 무선식별장치 기관코드는 1자리이나, 리더기 인식 시 표시에서 제외된다. 15자리에 포함되지 않는다.
⑤ 의료기기법의 기준규격에 따라야 하는 것은 '내장형 무선식별장치'이다.

**35 ▸ ④**

• 주거지역 25만$m^2$에 농림지역 20만$m^2$를 개발하여 새로운 복합주거상업지구를 조성하려는 지방자치단체 A
→ $(25\times10^4\times250\times1)+(20\times10^4\times250\times4)$
$=(6{,}250\times10^4)\times(20{,}000\times10^4)$
$=2{,}625\times10^5$원
=2억 6천 2백 5십만 원
2억 원을 초과하지만 지방자치단체이므로 2회 분할납부한다.
따라서 1회분 분할납부 금액은 1억 3천 1백 25만 원이다.
• 상업지역 20만$m^2$와 자연환경보전지역 30만$m^2$를 묶어 염전체험박물관을 건립하려는 개인사업자 B
→ $(20\times10^4\times250\times2)+(30\times10^4\times250\times5)$
$=(10{,}000\times10^4)+(37{,}500\times10^4)$
$=475\times10^6$원
=4억 7천 5백만 원
2억 원을 초과하므로 3회 분할납부한다.
따라서 1회분 분할납부금액은 약 1억 5천 8백 33만 원이다.
• 농림지역 30만$m^2$에 관광단지를 조성하려는 공공기관 C
→ $30\times10^4\times250\times4=300\times10^6$원=3억 원
2억 원을 초과하지만 공공기관이므로 2회 분할납부한다.
따라서 1회분 분할납부금액은 1억 5천만 원이다.
따라서 생태계보전협력금의 1회분 분할납부금액이 많은 순으로 나열하면 B – C – A가 된다.

**36 ▸ ③**

㉡ 2인 가구에 해당하므로 2인 가구 기준 중위소득 80%인 3,146,126원 이하여야 신청할 수 있다.
㉢ 대부신청 180일 이내 30일 이상의 고용보험 피보험 일용근로내역이 있는 건설일용근로자가 12월부터 2월 사이 훈련을 수강하는 경우에 한하여 2주 이상의 훈련에 대해 대부할 수 있으며, 이 경우에는 교육일수가 8일 이상인 경우에 한하여 대부요건을 인정한다고 하였다.
㉠ 대부대상월의 훈련기간에 대하여 대부대상월의 익월 10일까지 대부 신청을 할 수 있다. 훈련기간 중 대부대상월의 교육일수가 15일 이상이면 신청할 수 있다.
㉣ 실업급여 수급 중인 자는 대부대상에서 제외된다.

**37 ▸ ①**

훈련 월에 따른 대부 신청기한을 살펴보면 다음과 같다.

| 훈련 월 | 신청기한 | 비고 |
|---|---|---|
| 3월 | 4월 1일~10일 | 3월 18일~31일은 총 14일로 15일 미만이다. 따라서 대부대상월에서 제외된다. |
| 4월 | 5월 1일~10일 | 신규 신청 |
| 5월 | 6월 1일~10일 | 추가 신청 |
| 6월 | 7월 1일~10일 | 6월 1일~8일 총 8일로 15일 미만이다. 3월과 6월의 훈련일수 합은 15일 이상이 된다. 이때 훈련종료월을 대부대상월로 포함해 추가 신청이 가능하다. |

① 종료월의 신청기간인 7월 10일까지 대부신청을 할 수 있다.
② 4월 1일부터 신청할 수 있다.
③ 4월 1일부터 신청할 수 있으므로 4월은 신규 신청, 그 다음 월인 5월은 추가 신청이다.
④ 5월에는 1일부터 10일까지 신청할 수 있다.
⑤ 월별 대부 한도액은 200만 원 이내이므로, 4, 5, 6월에 최대 한도액을 신청하였을 때 한도액은 600만 원 이내이다.

**38 ▸ ④**

㉠ 지원대상에 '300인 미만 중소기업 소속 근로자'라고 제시돼 있다.
㉡ 기업회원에 지원 가능한 상담유형에 집단 프로그램만 제시돼 있다.
㉣ 온오프라인 상담을 합해 1년에 연 7회 이용이 가능하고, 게시판 상담은 횟수 제한이 없이 이용이 가능하다.
㉢ 상담분야 중 각각 가정 영역과 개인 영역에 포함되는 내용이다. 직장 관련 상담이 아니더라도 상담지원이 가능하다.
㉤ 근로복지기본법 제83조에서 모든 기업이 도입, 실시하도록 권장하고 있다. 의무화된 것은 아니다.

**39 ▸ ⑤**

병: 상담 일정 및 장소를 협의할 때는 신청자가 아니라 상담사가 신청자에게 직접 전화 연락하여 협의한다.
정: 상담 분야에 따라 전문 상담사가 배치되므로 상담 이용 시 분야를 선택해야 한다. 직무스트레스는 직장 영역에, 자녀문제는 가정 영역에 해당하여 서로 다른 분야이다.

**40 ▸ ④**

테이블 사이즈에 따른 장비류 금액을 계산해 보면 아래와 같다.(장소가 호텔이므로 음향세트는 '실내'를 적용한다.)
테이블(대) 선택: 5,000원×120+70,000원×15+50,000원+160,000원+240,000원=2,100,000원
테이블(소) 선택: 5,000원×120+50,000원×24+50,000원+160,000원+240,000원=2,250,000원
음식류 금액(일반 뷔페코스 A)을 계산해 보면 아래와 같다.
35,000원×120×0.95=3,990,000원
① 테이블(대)를 선택할 경우 장비류 견적 금액은 210만 원이다.
② 테이블(대)는 210만 원, 테이블(소)는 225만 원으로 테이블(대) 예약 시 15만 원 저렴하다.
③ 120명이 일반 뷔페코스 A를 이용하므로 5% 할인이 적용돼 음식류 견적은 399만 원이다.
④ 가장 저렴한 견적 금액은 장비류 210만 원+음식류 399만 원=609만 원이고, 이때 예약금액은 6,090,000원×0.3=1,827,000원이다.
⑤ 행사 당일인 11월 27일의 3주 전까지 입금을 해야 하므로 11월 6일까지 입금을 해야 하고, 변경은 당일 10일 전까지 가능하므로 11월 17일까지 가능하다.

**41 ▸ ①**

인원이 165명이므로, 음식류에 8% 할인이 적용된다.
따라서, 음식류 금액을 구하면 45,000원×165×0.92=6,831,000원
또한, 최소 금액으로 예약하려 하므로, 테이블 사이즈에 따른 가격을 구해보자. 165명이 각각 8인, 5인 앉을 수 있다고 하였으므로 테이블 가격은 아래와 같다.
테이블(대) 21×70,000원=147만 원
테이블(소) 33×50,000원=165만 원
테이블(대)로 예약하는 것이 더 저렴하다.
따라서, 장비류 금액을 계산하면
(5,000원×165명)+1,470,000원+160,000원+240,000원=2,695,000원
이다. 따라서, 출장뷔페 이용 금액은
2,695,000원+6,831,000원=9,526,000원

**42 ▸ ③**

㉡ 제17조 제2항 제2호에 따르면 적법한 행위이므로 부당이득이 아니다.
㉢ 대구는 광주지역본부장의 관할 지역이 아니므로 광주지역본부장이 징수할 수 없다.
㉠ 제17조 제1항 제6호에 해당하므로 부당이득을 징수해야 한다.
㉣ 제17조 제1항 제4호에 해당하므로 부당이득을 징수해야 한다.

**43 ▸ ①**

제17조 제1항에 해당하는 경우 2배를 징수한다는 것에 유의한다.
① 34만 원 × 2 = 68(만 원)
② 25만 원 × 2 = 50(만 원)
③ 62만 원
④ 30만 원 × 2 = 60(만 원)
⑤ 65만 원

**44 ▸ ③**

- 사원 X의 경우 물건 구입 시 발생한 포인트를 그대로 유지해 주었다고 하였으므로 선물을 구매한 쇼핑몰은 A, B, E로 추릴 수 있다.
- 사원 Y의 경우 주문 다음 날 물건을 취소하려 했으나 취소가 되지 않았다고 했으므로 셔츠를 구매한 쇼핑몰은 D, E, F로 추릴 수 있다.
- 사원 Z의 경우 배송료를 고려해 가능한 한 한꺼번에 주문한다고 하였으므로 Z가 이용한 쇼핑몰은 배송비가 무료이거나 무게당 배송료가 책정되는 쇼핑몰을 제외한 B, D, E로 추릴 수 있다.

따라서 조건을 모두 만족하는 것은 ③뿐이다.

**45 ▸ ④**

㉠ 2년 이상 사원으로 근무한 경우 과장 승진대상에 포함되므로 가능하다.
㉡ 인사위원회 전원의 추천을 받는 경우 신규입사자도 바로 부장직에 채용될 수 있다.
㉢ 3명의 임원들로부터 2년 이상 연속해서 추천을 받아야 하는데 처음으로 3명의 임원들로부터 추천을 받았으므로 임원 승진대상에 포함되지 않는다.

**46 ▸ ②**

다음과 같은 승진규정만 준수하면 사원으로 입사한 후 과장, 부장을 거쳐 임원까지 승진할 수 있다.

| 승진 직급 | 승진 규정 |
|---|---|
| 사원 → 과장 | 2) 적어도 2년 이상 사원으로 근무해야 과장 승진대상에 포함된다. |
| 과장 → 부장 | 1) 적어도 3년 이상 과장직으로 근무해야 부장 승진대상에 포함된다. |
| 부장 → 임원 | 2) 최소 3명의 임원들로부터 2년 이상 연속해서 추천을 받아야 한다.<br>3) 부장직에 최소 2년을 근무해야 한다. |

사원에서 임원까지 승진을 위해 필요한 최소 기간은 7년이다.

**47 ▸ ⑤**

전체 직원을 100명이라고 할 경우 야외활동 선호도 표에서 사원 수는 다음과 같다.

| 구분 | 비율 | 남자 | 여자 |
|---|---|---|---|
| 등산 | 20% | 16명 | 4명 |
| 야영 | 15% | 9명 | 6명 |
| 영화보기 | 25% | 15명 | 10명 |
| 뮤지컬 관람 | 30% | 10명 | 20명 |
| 운동회 | 10% | 10명 | 0명 |
| 합계 | 100% | 60명 | 40명 |

㉡ 남자 사원의 수는 60명으로 여자 사원 수 40명의 1.5배이다.
㉢ 영화보기와 뮤지컬 관람을 선호하는 여자 사원의 수는 10 + 20 = 30(명)이고 등산과 영화보기를 선호하는 남자사원의 수는 16 + 15 = 31(명)으로 전자가 더 적다.
㉠ 야영을 선호하는 남자 사원의 수는 9명이고 뮤지컬 관람을 선호하는 남자 사원의 수는 10명이다.

**48 ▸ ⑤**

1번을 '기' 사원으로 고정하고, 2번째, 3번째 요건을 정리하면 정－무－갑의 순서를 정할 수 있다. 그리고 4번째 요건을 추가하면 정－무－경－갑 순서가 되며 마지막 요건을 추가하면 병－을－정－무－경－갑 순서로 정리할 수 있다.
따라서 최종 순서는 기－병－을－정－무－경－갑이 되어, '정' 사원이 네 번째 메모를 보낸 사람임을 알 수 있다.

**49 ▸ ④**

조건을 합쳐서 표로 나타내면 다음과 같다.

| 1 | 2 | 3 | 4 | 5 | 6 | 7 | 8 |
|---|---|---|---|---|---|---|---|
| | | | | 경영<br>학과 | | 경제<br>학과 | |
| 부교수 | | | | 부교수 | | 정교수 | 부교수 |

여기서 경제학과 발표 앞뒤로 통계학과는 발표할 수 없다. 이때 5번째 순서에는 경영학과가 정해져 있고, 7번째 순서에 경제학과 정교수가 발표를 하는 것으로 정해진 사정을 생각하면, 통계학과는 경제학과와 연달아 있는 6번째와 8번째 순서에는 발표를 진행할 수 없다. 따라서 ④에서 이야기하는 것처럼 절반 이후 즉 5번째부터 8번째 순서에는 통계학과가 발표를 할 수 없다. 따라서 옳지 않은 것은 ④이다.

**50 ▸ ④**

다음 조건에 따라 근무 팀별 사원 배치를 보면 아래와 같다.

| 영업팀 | 마케팅팀 | 경영팀 | 자재팀 |
|---|---|---|---|
| C사원 | D사원 | A사원 | B사원 |

**51 ▸ ③**

A, B, C, D사 제작 시 비용을 구하면 다음과 같다.
A사: (300페이지 × 200원 － 1,500원 + 5,500원) × 150부 =9,600,000원
B사: [(300페이지 × 210원) + (4,500원 × 0.9)] × 150부 = 10,057,500원
C사: [(300페이지 × 180원 + 4,300원) － 2,000원] × 150부 =8,445,000원
D사: (300페이지 × 205원) × 150부 = 9,225,000원
가장 저렴한 곳은 C사이고, 이때 견적은 8,445,000원이다.

**52 ▸ ①**

A, B, C, D사 제작 시 비용을 구하면 다음과 같다.
A사: (250페이지 × 40원 + 2,600+ 1,400) × 120부 = 1,680,000원
B사: [(250페이지 × 39원) + (3,200 +1,300) × 0.9] × 120부 = 1,656,000원
C사: (250페이지 × 39원 + 3,500+ 1,600) × 120부 = 1,782,000원
D사: [(250페이지 × 41원) + 2,800 + 1,400] × 120부 = 1,734,000원
가장 저렴한 곳은 B사이며, 이때 비용은 1,656,000원이다.

**53 ▸ ②**

제시된 점수를 모두 더하면 다음과 같다.
갑: 14+13+15+22=64
을: 13+12+15+25=65
병: 14+18+13+20=65
정: 16+15+10+22=63
무: 15+9+13+10=47
을과 병의 총점이 65점으로 동일하다. 둘 중 관리능력은 을이 25점, 병이 20점으로 을이 높으므로, 을이 승진한다.

**54 ▸ ③**

업무태도와 업무능력 점수에 10%의 가중치를 더하여 총점을 계산하면 다음과 같다.
갑: 14+(13+15)×1.1+22=66.8
을: 13+(12+15)×1.1+25=67.7
병: 14+(18+13)×1.1+20=68.1
정: 16+(15+10)×1.1+22=65.5
무: 15+(9+13)×1.1+10=49.2
병의 총점이 가장 높으므로 병이 상여금을 받게 된다.

**55 ▸ ③**

먼저 각 요일 및 시간대별로 파견을 갈 수 있는 직원 중 수당이 최소인 직원들을 파악하면 다음과 같다.

| 구분 | 월 | 화 | 수 | 목 | 금 |
|---|---|---|---|---|---|
| 09:00~10:00 | B | A or H | H | A or H | H |
| 10:00~11:00 | B or E | A or H | H | A or H | H |
| 11:00~12:00 | B or E | A or H | H | A or H | F or H |
| 12:00~13:00 | E | A or H | H | A or H | F or H |
| 13:00~14:00 | E | A or H | H | A or H | F or H |
| 14:00~15:00 | J | H | D | H | F |
| 15:00~16:00 | J | D or J | D | D or J | F |
| 16:00~17:00 | J | D or J | D | D or J | C or I |
| 17:00~18:00 | J | D or J | D | D or J | C or I |

이를 바탕으로 요일별로 파견할 수 있는 직원을 정리하면 다음과 같다.

| 요일 | 월 | 화 | 수 | 목 | 금 |
|---|---|---|---|---|---|
| 반드시 파견 | B, E, J | A, H | D, H | A, H | F, H |
| 선택 파견 | – | D or J | | D or J | C or I |

화요일과 목요일의 경우 H가 6시간 근무할 수 없으므로 반드시 A가 파견돼야 한다. D와 J는 누가 파견되어도 무방하지만, 최소 2시간은 근무해야 하므로 둘 중 한 명이 파견된다. 최대 인원이 파견되기 위해서는 화요일에 D, 목요일에 J가 근무하거나 반대여야 한다.

수요일의 경우 H가 6시간 근무할 수 없으므로 H가 9시~14시에 근무하고 14시~18시에는 근무 가능 인원 중 수당이 가장 적은 D가 근무한다.

금요일에는 H가 6시간 근무할 수 없으므로 F도 반드시 파견돼야 한다. 그리고 C와 I 중 1명만 파견된다.

이를 종합하면 A, B, D, E, F, H, J 7명에 C와 I 중 1명을 더한 총 8명까지 파견할 수 있다.

**56 ▸ ①**

i ) 월요일

B, E, J 모두 시간당 수당이 8천 원이므로

8천 원×9시간 =72,000(원)

ii) 화요일, 목요일

A와 H가 6시간, D 또는 J가 3시간이므로

(7천 원×6시간)+(8천 원×3시간) = 66,000(원)

목요일도 이와 동일하므로 총 132,000원이다.

iii) 수요일

비용을 최소화하기 위해 H가 5시간 근무하고, 나머지 4시간은 D가 혼자 근무한다.

(7천 원×5시간) + (8천 원×4시간) = 67,000(원)

iv) 금요일

F와 H가 7시간, C 또는 I가 2시간 근무한다.

(7천 원×7시간) + (9천 원×2시간) = 67,000(원)

따라서 모두 합하면 338,000원이다.

**57 ▸ ④**

9시부터 18시까지 주어진 시간은 9시간인데, 점심시간 1시간을 제외하면 8시간이 남는다. A를 포함한 4개 회사를 모두 방문할 경우 이동 시간이 최소 5시간(A – D – B – C)이고, 홍보 시간이 4시간이므로 18시까지 완료할 수 없게 된다. 따라서 최대 3개의 회사에서 홍보를 실시할 수 있다. 가능한 경우와 점심시간을 제외한 소요시간, 홍보 대상 인원을 정리하면 아래와 같다.

| 방문 순서 | 소요 시간(이동+홍보) | 홍보 대상 인원 |
|---|---|---|
| A–B–C | 5+3=8시간 | 185명 |
| A–B–D | 5+3=8시간 | 205명 |
| A–C–B | 4+3=7시간 | 185명 |
| A–C–D | 6+3=9시간 | 190명 |
| A–D–B | 3+3=6시간 | 205명 |
| A–D–C | 5+3=8시간 | 190명 |

A–C–D는 18시까지 홍보를 마칠 수 없으므로 제외하면 A–B–D와 A–D–B의 경우 205명이 참석할 수 있다. 홍보 대상 인원이 같은 경우 시간이 적게 소요되는 경로를 선택하므로 A–D–B를 선택한다. 따라서 B에서 마지막으로 홍보를 하고, 총 205명에게 홍보할 수 있다.

**58 ▸ ④**

교통비 지원 금액을 계산하면

42,000원×1+380,000원×10+34,000원 ×35+30,000원 ×35

= 42,000원+380,000원+1,190,000원+1,050,000원

= 2,662,000(원)이다.

① 승용차를 1대만 대여할 경우 1급 이상(11명)이 같은 차량에 탑승할 수 없다.

② 이 경우 조건은 만족하지만 ④의 경우 대여비가 2,460,000원으로 더 저렴하다.

③⑤ 직급별로 다른 차량을 이용한다는 조건에 부합하지 않는다.

**59 ▸ ②**

D는 근무 경력이 3년이므로 선발 자격이 없다.

| 구분 | 현행안 | A | B | C |
|---|---|---|---|---|
| 외국어 성적 | 30점 | 15 | 15 | 24 |
| 근무 경력 | 40점 | 40 | 40 | 28 |
| 근무 성적 | 20점 | $x < 20$ | 20 | $x < 20$ |
| 포상 | 10점 | 5 | 10 | 0 |
| 계 | 100점 | $60+x < 80$ | 85 | $52+x < 72$ |

따라서 선발되는 사람은 B이고, 점수는 85점이다.

**60 ▸ ③**

| 구분 | 개정안 | A | B | C | D |
|---|---|---|---|---|---|
| 외국어 성적 | 50점 | 25 | 25 | 40 | 50 |
| 근무 경력 | 20점 | 20 | 20 | 14 | 10 |
| 근무 성적 | 10점 | $x < 10$ | 10 | $x < 10$ | $x < 10$ |
| 포상 | 20점 | 10 | 20 | 0 | 20 |
| 계 | 100점 | $55+x < 65$ | 75 | $54+x < 64$ | $80+x < 90$ |

선발되는 사람은 D이고, 세 번째로 점수가 높은 사람은 A이다.

**61 ▸ ⑤**

준비 일정을 도식화하면 다음과 같다.

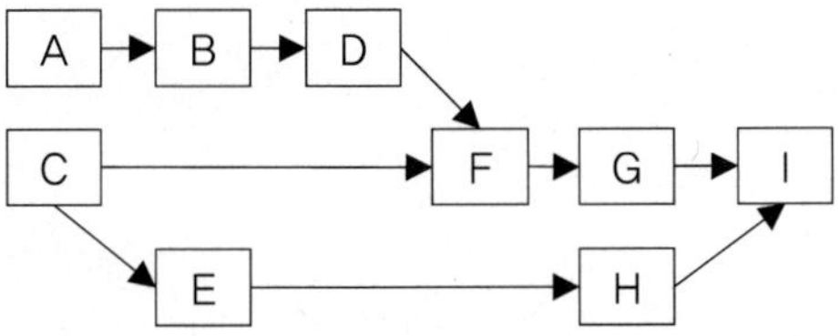


A－B－D－F에 7일이 소요되고, C－F에 8일이 소요되므로 결국 F작업까지 완료하는 데 8일이 소요된다. 이후 G－I 순으로 일정을 진행하면 6일이 소요되어 총 14일이 소요된다. C－E－H－I에 11일이 소요되는데 이는 14일보다 짧으므로 전체 일정에 영향이 없다. 따라서 총 14일이 소요되고, 휴무일을 제외하고 날짜를 계산하면 20일에 완성하게 되므로 21일부터 발표할 수 있다.

**62 ▸ ⑤**

ⅰ) 숙박비

항공기 내에서 숙박하게 되는 경우를 제외하면, 10일 A국, 12일 B국, 13일 C국에서 숙박할 때에만 숙박비를 지급한다.

갑은 205 + 120 + 150 = 475(천 원),

을은 145 + 70 + 95= 310(천 원),

병과 정은 (130 + 65 + 90) × 2 = 570(천 원)

이므로 총 1,355천 원이 된다.

ⅱ) 식비

직원들은 A국에서 3회(10일 점심, 11일 아침, 11일 저녁), B국에서 3회(12일 아침, 점심, 저녁), C국에서 3회(13일 저녁, 14일 아침, 점심) 식사를 하게 된다.

모든 국가에서 3회 식사를 하게 되므로 각 국가에서 1회에 해당하는 식비를 구하고 갑, 을, 병, 정 4명의 1회 식비에 3을 곱해주는 것이 편리하다.

갑은 135 + 70 + 100 = 305(천 원),

을은 80 + 45 + 60 = 185,

병과 정은 (70 + 35 + 50) × 2 = 310(천 원)

이므로 1회 식비는 800천 원, 3회 식비는 800 × 3 = 2,400(천 원)이 된다.

**63 ▸ ①**

우선, 숙박비에서는 병에게 지급되는 285,000원이 빠지게 된다. 식비에서도 병에게 지급되는 465,000원이 빠지게 된다. 따라서, 기존 숙박비와 식비의 합인 1,355,000+2,400,000=3,755,000원에서 750,000원을 빼면 3,005,000원이다.

**64 ▸ ⑤**

1차 심사의 심의가 10월 2일, 2차 심사의 심의가 10월 10일이므로, 10월 11일이 가장 빠른 발표일이 된다.

**65 ▸ ③**

가장 빠른 결과 발표일로부터 6일 후는 10월 17일(셋째 주 화요일)이다.

③ 외근 업무를 대신할 수 있는 유일한 사원이 출근할 수 없는 상황이므로 C가 외근을 가야만 한다. 따라서 교육에 참석할 수 없다.

① A가 근무해야 하는 날은 1일, 4일, 7일, 10일, 13일, 16일이다. 17일 아침 8시에 근무를 마치게 되므로 오후의 교육에 참석할 수 있다.

② 17일은 홀수 날이므로 오전에 상담을 한 후 오후의 교육에 참석할 수 있다.

④ 대구지역본부로 출장을 가서 오전에 업무를 마치므로 오후의 교육에 참석할 수 있다.

⑤ 본사에서 대구지역본부까지 2시간이 걸리므로, 11시에 회의를 마치고 출발하면 1시에 대구지역본부에 도착할 수 있다.

**66 ▸ ⑤**

제시된 조건에 따라 기타수익 항목을 제외한 총점을 구하면 아래와 같다.

| | 수도권 | 충청권 | 전라권 | 경상권 | 강원권 |
|---|---|---|---|---|---|
| 점포수익 | 3 | 5 | 4 | 2 | 1 |
| 이자수익 | 4 | 2 | 1 | 3 | 5 |
| 대출 고객 수 | 5 | 2 | 3 | 4 | 1 |
| 판매 상품 수 | 2 | 1 | 5 | 4 | 3 |
| 사회공헌 점수 | 2 | 5 | 4 | 3 | 1 |
| 총점 | 16 | 15 | 17 | 16 | 11 |

전라권 지역은 기타수익을 제외하고 나온 총점도 1위이기 때문에 기타수익에서 A등급을 받으면 1위가 확정된다.
충청권 지역은 20점이 되고, 수도권과 경상권은 최저 17점~최고 21점의 총점을 얻게 된다.
이때 강원권 지역은 기타수익에서 A등급을 받아 총점 16점이 된다 하더라도 5개 지역 중 가장 낮은 총점을 받아 5위가 된다.

**67 ▸ ②**

제시된 조건에 따라 총점을 구하면 아래와 같다.

| | 수도권 | 충청권 | 전라권 | 경상권 | 강원권 |
|---|---|---|---|---|---|
| 점포수익 | 3 | 5 | 4 | 2 | 1 |
| 이자수익 | 4 | 2 | 1 | 3 | 5 |
| 대출 고객 수 | 5 | 2 | 3 | 4 | 1 |
| 총점 | 12 | 9 | 8 | 9 | 7 |

총점 1위는 수도권이다. 2위는 총점이 9점으로 같은 충청권과 경상권인데, 둘 중 점포수익 항목 등급이 높은 충청권이 2위가 된다.

**68 ▸ ③**

직접투자(무상담): 2천만 원×0.2＋1천만 원×0.3－1천만 원×0.35－2천만 원×0.15＝50(만 원)
A사 상담: 2천만 원×0.3＋1천만 원×0.25－1천만 원×0.2－2천만 원×0.25＝150(만 원)
B사 상담: 2천만 원×0.15＋1천만 원×0.45－1천만 원×0.25－2천만 원×0.15＝200(만 원)

**69 ▸ ④**

A사와 상담했을 때의 기대이익이 150만 원, B사와 상담했을 때의 기대이익이 200만 원이므로, 평균을 구하면 175만 원이다.
175만 원÷50만 원＝3.5이므로 3.5배의 이익을 기대할 수 있다.

**70 ▸ ①**

기대이익이 가장 높은 B사와 상담을 하게 된다.
상담 없이 투자를 하는 경우 기대이익이 50만 원인데, B사와 상담을 할 경우 200만 원으로 증가한다.
B사에 150만 원 이상을 주게 되면, 남는 기대이익이 50만 원 미만이 되어 상담 없이 투자를 하는 경우보다 오히려 기대이익이 작아지게 된다.
따라서 50만 원 미만이고 1만 원 단위로 최대 금액인 49만 원까지 상담료로 지불하려고 할 것이다.(이때의 기대이익은 151만 원으로 A사 상담 시 얻는 기대이익보다 크다.)

# 근로복지공단

## 직업기초능력평가

박문각